中学入試 まんが攻略BON!
社会

地理

上巻

Gakken

中学入試 まんが攻略BON！ 地理 上巻

もくじ

第1章 日本のすがた

第1節 日本の国土
1．日本の位置と大きさ …… 6
2．日本の地形 …… 10

第2節 地形図の見方
1．地形図のきまり …… 14
2．いろいろな地図 …… 20
要点整理と重要事項のまとめ① …… 22
重要事項の一問一答① …… 23

第3節 日本の気候と自然災害
1．日本の気候 …… 24
2．日本の自然災害 …… 28

第4節 日本の人口
1．日本の人口と人口密度 …… 32
2．日本の人口構成 …… 36
要点整理と重要事項のまとめ② …… 38
重要事項の一問一答② …… 39

この本の特色と使い方

特色

❶ まんがだから楽しく勉強できる！

まんがでやさしく解説しているので、楽しく読めて、わかりにくい学習項目もグングン理解できます。

❷ 入試によく出る重要ポイントが、ガッチリつかめる！

入試によく出る重要ポイントには、重要マークや入試に出る！マークを付け、まんがの中に出てくる重要な用語は、赤く太い文字になっているので、おさえるポイントが一目でわかります。

第2章 日本の食料生産

第1節 米づくりがさかんな地域
1 ・米づくりがさかんな地域 …… 40
2 ・米づくりの仕事 …… 42
3 ・生産を高めるくふう …… 44
4 ・米づくりをめぐる動き …… 48

第2節 野菜とくだものづくり
1 ・野菜づくりがさかんな地域 …… 50
2 ・くだものづくりがさかんな地域 …… 54
3 ・野菜とくだものをめぐる動き …… 58

要点整理と重要事項のまとめ❸ …… 60
重要事項の一問一答❸ …… 61

第3節 工芸作物と畜産
1 ・工芸作物の生産 …… 62
2 ・畜産がさかんな地域 …… 64
3 ・畜産をめぐる動き …… 68

第4節 水産業をめぐる動き
1 ・漁業の種類 …… 70
2 ・水産業がさかんな日本 …… 74
3 ・水産業をめぐる動き …… 78

第5節 日本の食料事情
1 ・日本の食料生産の変化 …… 80
2 ・食料生産の今 …… 84

要点整理と重要事項のまとめ❹ …… 86
重要事項の一問一答❹ …… 87

---

❸ 重要ポイントに関連する知識も満さい！

重要ポイントや重要用語の理解をさらに深めるために、ページの左や右のはしと下のらん外に、重要ポイントに関連する知識を、参考 としてのせています。

マメ知識 や 重要用語

❹ 実力がついたかどうか、3段階で確認できる！

❶から❼まである「要点整理と重要事項のまとめ」、「重要事項の一問一答」、巻末にある「入試問題にチャレンジ」で、実力を3段階で確認できます。

第3章 日本の工業

第1節 さまざまな工業
1. 工業の仕事 ... 88
2. 重化学工業 ... 90
3. 軽工業 ... 94
4. 伝統産業 ... 96

重要事項と重要事項のまとめ❺ ... 100
要点整理の一問一答❺ ... 104

第2節 工業がさかんな地域
1. 工業が発達している地域 ... 108
2. 各地の工業地帯・工業地域 ... 109

第3節 工業の特色
1. 日本の工業の特色 ... 110
2. 日本の工業の今とこれから ... 114

第4節 環境問題とエネルギー資源
1. 公害の発生、公害との戦い ... 116
2. 環境問題への取り組み ... 120
3. 日本の資源・エネルギー事情 ... 122
4. これからのエネルギー ... 126

要点整理と重要事項のまとめ❻ ... 128
重要事項の一問一答❻ ... 129

使い方

ステップ1
この本は、効果的に学習できるように構成しているので、最初から読み進めていくことをおすすめします。しかし、興味のある事項やちょっと苦手な事項を選んで、そこから読み始めてもかまいません。

ステップ2
重要 マークや 入試に出る! マークが付いていたり、赤く太い文字になっていたりする学習事項や用語は、入試に出題される確率の高いものです。必ずおさえておきましょう。そのとき、らん外にある 重要用語 （重要な用語の解説）と

第4章 日本の貿易・交通・通信

第1節 日本の貿易
1. 日本の貿易の特色 …………… 130
2. 日本の貿易のおもな相手国 …… 134
3. 日本の貿易の問題点 …………… 138

第2節 日本の運輸と情報通信
1. さまざまな輸送手段 …………… 140
2. 輸送手段の移り変わり ………… 142
3. 発達する情報通信 ……………… 144

重要事項のまとめ ❼ ……………… 148
要点整理と重要事項の一問一答 ❼ … 149

入試問題にチャレンジ・問題①～③ … 150
入試問題にチャレンジ・解答と解説 … 156

重要用語五十音順さくいん ………… 158

※とくにことわりのない場合、統計資料は、「日本国勢図会2013/14」などをもとにしています。

参考（重要事項に関連する知識）や、**マメ知識**（重要ポイントの理解を深めるための知識）もおさえましょう。

ステップ 3

「要点整理と重要事項のまとめ」と、「重要事項の一問一答」を2つまたは3つの節ごとにのせています。まずここで数節単位の実力確認をします。もしわからない場合は、本文にもどっておさらいをしましょう。そして全部読み終えたら、過去の中学入試に出題された問題をまとめた「入試問題にチャレンジ①～③」で実力を試してみましょう。

第1節：日本の国土

① 日本の位置と大きさ

地球上での日本の位置は、どのように示すことができるのだろうか。また、日本の東西南北のはしの島は覚えておこう。領海や経済水域の意味も理解しておこう。

第①章 日本のすがた

まず、日本の地形や気候の特色、人口について見ていこう。また、地形図の見方も覚えよう。

（4コマ漫画）

ソラ「ダイチくん、何なやんでるの？」
ダイチ「うーんうーん…」
ダイチ「たとえばボクに外国人の友達ができたとして…。その子に日本がどこにあるか聞かれたらどう答えればいいかと思って！」
ソラ「心配性ねぇ～。」「夜もねられない～！！」

博士「心配ご無用…。」「そんなときは、**緯度**と**経度**を教えればよいっ！！」【重要】
博士「これは、地球上の番地のようなものなのじゃ～!!」
「わーっ!?」「ドローッ」「カパッ」

重要用語

ユーラシア大陸…世界の6大陸の1つで、日本の西にある世界最大の大陸。西部のヨーロッパ州と、東部・南部のアジア州との2つの州にまたがっている。

7 第1章：日本のすがた

マメ知識

日本と経度がほぼ同じ国にオーストラリアがある。日本から南へまっすぐ進み、赤道をこえてさらにまっすぐ進むとオーストラリアに着く。オーストラリアは南半球にあるので、日本とは季節は逆になるが、経度がほぼ同じなので、時差がほとんどない。

見るがよいっ！

日本はだいたい、**北緯**20度から46度、**東経**122度から154度の範囲にある！

あースッキリした！教えてくれてありがとう。

なんのなんの。

わしは地理博士の青山チリ夫！地理のことなら何でも聞きたまえ！では☆

あっ!!飛んでった!!

待て〜！

大陸を目印にすれば、**ユーラシア大陸**の東ね。

中国、ロシア連邦、韓国といった近くの国々も目印になるね。

日本の位置

- ユーラシア大陸
- 中華人民共和国（中国）
- 朝鮮民主主義人民共和国（北朝鮮）
- 大韓民国（韓国）
- ロシア連邦
- オホーツク海
- 北海道
- 本州
- 日本海
- 東京
- 四国
- 九州
- 東シナ海
- 太平洋

北のはし 択捉島（北海道） 北緯45度33分
東のはし 南鳥島（東京都） 東経153度59分
西のはし 与那国島（沖縄県） 東経122度56分
南のはし 沖ノ鳥島（東京都） 北緯20度25分

東京から800km / 東京から1600km

もっとくわしく　地球上の番地 緯度と経度

緯度は赤道を0度として、南北それぞれ90度ずつに分けた数字で、赤道より北が北緯、南が南緯。経度は、イギリスのロンドン郊外のグリニッジ天文台あとを通る経線を0度としている。経度は、この0度の経線（本初子午線）を基準に、東西それぞれ180度ずつに分けた数字である。本初子午線より東が東経、西が西経になる。

緯度と経度
- 本初子午線
- 北極
- 経線
- ロンドン（0度の経線）
- 緯度
- 経度
- 赤道
- 緯線
- 南極

参考

日本と同緯度の国…中国やイラン、トルコ、ヨーロッパのイタリア・スペインなど。また、アフリカ北部のエジプトやアルジェリアなどもほぼ同緯度地域にある。

マメ知識

日本の面積は、世界の190ほどの国々のなかで60番目くらいで、比かく的広いほうに入る。ベトナムやマレーシア、ヨーロッパではドイツやノルウェーなどがある。日本と同じくらいの面積の国には、アジアでは

「とうちゃんからもらった地球儀だ！返せ～っ！」

「おまえみたいな地理オンチにはもったいない。」

「じゃ、クイズ！日本はいくつの島でできているか！？」

「北海道、本州、四国、九州、沖縄で…。」

「5つ!!」

「ブブーッ！ほかにも7000くらいの小さな島があって、これらすべてが日本の領土じゃ!!」

「まちがえた―っ!!」

7000ぐらい

「全体で**約38万km²**くらいの面積じゃぞ。」

「アメリカやおとなりの中国に比べると、ずいぶんせまいのね。」

中国　日本　アメリカ

「しかし周りが海で囲まれているから、海の広さではいばれるぞ!!」

「**領海**といって、海だってリッパな日本の領域だからな！」

「ほかにも、日本にとってだいじな役割をもつ水域がある。」

「この島を見よ！」

沖ノ鳥島（朝日新聞社）

「島？これがぁ？」

参考 　**日本の大きな島**…面積が大きい順に、本州、北海道、九州、四国。以下、択捉島、国後島、沖縄島、佐渡島、大島（奄美大島）、対馬、淡路島と続く。

第1章：日本のすがた

マメ知識

日本は海に囲まれた島国で、離島も多いため、世界でも広い経済水域をもっているといえる。日本の国土面積はアメリカ合衆国の約25分の1だが、経済水域の面積は2分の1ほどである。

入試に出る！

経済水域とは？
＊排他的経済水域ともいう。

200海里

＊領海は経済水域にふくまれない。

多くの国が設定しているのは沿岸から**200海里**（約370km）の範囲の水域。この水域内の水産資源や海底資源は、沿岸国が管理できる。

今にもしずみそうなコンクリートのかたまりじゃん…。不吉なことを言うでない！

ザパーン！

この島は日本の**経済水域**のために大切な島なのじゃ！！

この島がなくなると、その周辺の資源を持つ権利がなくなっちゃうの！？

消えないように大きくかこう！！

地球儀にかいてもしかたないのよ。

やっぱりこいつにゃもったいない。

もっとくわしく

北方領土
日本固有の領土

北海道北東部の択捉島・国後島・色丹島・歯舞群島を北方領土という。もともとからの日本の領土だが、第二次世界大戦後、ソ連（現在のロシア連邦）が占拠した。日本は返還を要求しているが、まだ実現していない。これらの島々の周辺は水産資源が豊富なよい漁場として重要である。

北方領土地図
- 樺太（サハリン）
- オホーツク海
- ウルップ島
- 千島列島（クリル）
- 択捉島
- 国後島
- 色丹島
- 歯舞群島
- 北海道
- 太平洋
- （赤色）北方領土

参考

国の領域…国の領域は、領土（陸地）と領海、領空（領土と領海の上空）からなる。領海の範囲は国によってちがうが、日本の場合は海岸線から12海里（約22km）。

第1節：日本の国土

❷ 日本の地形

日本は山がちな地形で、活動が活発な火山も多い。おもな山地や山脈は覚えておこう。また、山地から流れ出す川がつくる地形についてもおさえておこう。

マメ知識

日本の地形は、静岡県静岡市と新潟県糸魚川市を結ぶフォッサマグナとよばれる大きな溝を境に、地形が変化している。これより東では地・山脈は南北に、西では東西にのびている。また西日本では、南部の紀伊山地や四国山地、九州山地のほうが北部の山地よりけわしい。

日本はじつに国土の約4分の3が山地なのじゃよ。

「日本の屋根」と呼ばれる、**日本アルプス**じゃ！

飛驒山脈
木曽山脈
赤石山脈

わー、高い山がいっぱい！

バラバラ…

地形の割合 【重要】

総面積 37万7960km²
山地 72.8%
低地 13.8
台地 11.0
その他

※丘りょう地は山地にふくめる。

もしかしてそのなかにふん火する山があったりするの？

活動が活発な**火山**が多いぞ。

桜島 御岳（鹿児島県）

ぎえーっ!!

火山のくぼ地に湖（**カルデラ湖**）ができているところもあるね。きれい！

そんなことよりにげようよ～っ！

火山の近くには**温泉**も多いんですって！

にげるのやめた！

重要用語　**カルデラ湖**…火山の頂上部分がかんぼつしてできたくぼ地をカルデラといい、ここに水がたまってできた湖をカルデラ湖という。

11　第1章：日本のすがた

マメ知識

中央高地の飛騨・木曽・赤石山脈をまとめて日本アルプスという。これは、ヨーロッパのけわしく美しいアルプス山脈にならった呼び名で、明治時代にイギリスの登山家が名づけた。3つの山脈は、北から順に、北アルプス、中央アルプス、南アルプスとも呼ばれる。

日本のおもな山地と山脈

入試に出る！

- 北見山地
- 日高山脈
- 出羽山地
- 越後山脈
- 飛騨山脈
- 木曽山脈
- 中国山地
- 筑紫山地
- 北上高地
- 奥羽山脈
- 阿武隈高地
- 関東山地
- 赤石山脈
- 日本アルプス
- 四国山地
- 紀伊山地
- 九州山地

山地って、日本の背骨みたいに見えるわね。

うむっ！いいこと言うな！

日本アルプスはけわしい山脈じゃが、北上高地や中国山地など、なだらかな山々もあるんじゃよ。

海岸にだってこんなおもしろい地形があるぞ。

こっちはきれいな砂浜ね。

"ギザギザだ"

砂浜海岸（九十九里浜）　（朝日新聞社）

リアス海岸（三陸海岸）　（学研・写真資料センター）

日本って小さいのに地形が複雑できれいだわ～。

山　湖　半島　湾　おもしろーい

まるで小さいのに複雑で美しい少年のボクみたい…。

さっ！次は川と平野を見ることにしよう。

はい。

バラバラ

重要用語

リアス海岸…入り江とみさきが入り組んだ海岸地形。山地が海にしずんでできた。東北地方の三陸海岸南部や福井県の若狭湾岸，三重県の志摩半島などに見られる。

マメ知識

日本の川の長さは、第1位が信濃川で、以下、利根川、石狩川、天塩川だが、流域面積の広さは利根川、石狩川、信濃川、北上川の順。世界の川は、長さはナイル川、アマゾン川、長江、ミシシッピ川の順。

日本の川と世界の川

グラフ：
- 利根川 322km
- 信濃川 367km
- ライン川 1320km
- メコン川 4425km
- アマゾン川 6516km

縦軸：高さ(m) 0〜4000
横軸：長さ(km) 0〜7000

「理科年表」

信濃川をはじめとする日本の川じゃが、外国の川と比べると急こう配なんじゃ。

ジャパーッ!!

日本の川って短いんだなぁ〜!!

信濃川って日本ではいちばん長い川なのにね。

ボクの脳とは違うな!! いや、短いから……

なぜだかわかるか!?

日本人がすべり台大好きな国民だから!!

日本はせまい国土に山地が多くて海がせまっているからでしょ？

ピンポーン！

だから、山から流れ出る川はすぐ海へ出る！

ザーッ

川の流れが速いからものがドンドン流れる！

土や石も流れるのね。

人も流れる!!

ゴーゴー

こうして流された土砂が積もって平野ができる。

日本の平野の多くはこうしてできたんじゃ。

重要用語

扇状地…川が山地から平地に出るところに土砂を積もらせてできる地形。扇のような形をした、ゆるやかな傾斜地である。山梨県の甲府盆地が代表的。

第1章：日本のすがた

マメ知識

入試に出る！いろいろな地形

- **盆地**（山地に囲まれた平地）
- **扇状地**
- **台地**（平野より高い台状の平地）
- **三角州**
- **平野**（海に面した平地）

平地には平野のほかにもいろんな地形があってな……

お盆みたいな **盆地**！

台みたいな **台地** があるぞ！

扇状地
川が山地から平地に出るところにできる。

三角州
川が海や湖に出るところにできる。

扇状地と三角州 ってどうちがうんだ？

どっちも三角っぽい……

このようにできたみたいよ。

わたしたちが暮らしてる平地って、川とつながりが深いのね！

うむ。川に敬意を表してバナナもカワまで食べよう!!

わははははは

カワってるぅ…。

ムシャムシャ

川がつくる地形には河岸段丘もある。これは、川の侵食や川底の隆起によって、このような地形になる。川の両側で、平らなところと急斜面のところとが交互に階段のようになった地形である。川の

重要用語

三角州…川が海や湖に出るところに土砂を積もらせてできる三角形に似た地形。低湿なので、耕地は水田に利用されることが多い。

第2節：地形図の見方

1 地形図のきまり

縮尺や地図記号，等高線など，地形図を読み取るために必要な地図のきまりを覚えよう。等高線からは，土地の高さやかたむきもつかめるようにしておこう。

いろいろな縮尺の地図のうち，縮尺が1万分の1くらいの地図は市町村のようすを調べるのに適している。また，教科書の1ページに日本全体が入るくらいだと，その縮尺は，およそ700万分の1か800万分の1である。

【コマ1】 これがぼくんちの周りの地図！

【コマ2】 ソラちゃん今度遊びに来て！／どひゃ〜

【コマ3】 ×とか△とか何？駅から何分かかるの〜？／わけわかんない

【コマ4】 地図はだれが見てもわかるようかかんとのう。

【コマ5】 そのために，地図にはいろいろなきまりがある。それにもとづいて地表のようすを縮めて表したものが**地形図**じゃ！

5万分の1の縮尺の地形図（右と同じ場所） （国土地理院）

1万分の1の縮尺の地形図 （国土地理院）

重要用語　縮尺…実際のきょりを地図上に縮めた割合。地図上では，縮尺の目もりが示されるほか，1：50000などのように表されている場合がある。

15　第1章：日本のすがた

マメ知識

あれ？2つの地図で家と駅の間の長さがちがうよ。

左のほうが短いわ！

それは縮尺がちがうからじゃ！

縮尺とは実際のきょりを縮めた割合のことをいう！

【重要】

実際のきょり

たとえば、こんな感じ…

5万分の1　　1万分の1

1万分の1の地形図は、実際のきょりを1万分の1に縮めたってことか。

じゃあ、縮尺がわかれば、駅から家までの実際のきょりもわかるのね？

そのとおり！このような計算をすればいいぞ！

バーン!!

【入試に出る!】

【実際のきょり＝地図上の長さ×縮尺の分母】

1万分の1（$\frac{1}{10000}$）の地形図で
1cmの実際のきょりは、
1(cm)×10000
＝10000(cm)
＝100(m)

こうなるわけね。

計算がニガテなボクはどうすりゃいーの!?

じつは、この目もりを見ても大体のきょりがわかるぞ。

0　　200m

ホッ。

いろんな見やすいくふうがあるのね。

地図は次のようにしてつくる。①三角点や水準点を基準にして場所の位置を決める→②位置を決めたところでとった写真を元に地図をかく→④印刷する。最近ではコンピュータで地形の高低を色分けするなどして、いろいろな地図がつくられている。

参考　**国土地理院**…国土の調査や測量を行い、地図を発行している機関。2万5000分の1地形図や5万分の1地形図、20万分の1地勢図などを発行している。

16

マメ知識

地図記号は、時代によって新しくつくられる記号もあるが、廃止される記号もある。最近は風力発電用の風車や老人ホームの地図記号が生まれたが、昔は粉をひくための水車の地図記号もあった。

○△町は、くだものづくり、×○町では米づくりがさかん、か…。

地図を見ただけでどうしてわかるの？

マークがかいてあるだけなのに…。

フフフフッ。

このマークが大切なんじゃ！

これらは**地図記号**！！いろんなことがわかるんじゃ！

地図記号はその土地が何に利用されているかを示しているんじゃ。

おもな土地利用の地図記号

田	畑
果樹園	茶畑

なるほど！ひと目でわかるわ。

どんな樹木が生えているかもわかる！

広葉樹林（ブナ、カエデなど）

針葉樹林（マツ、スギなど）

土地利用のほか、建物・施設についてもわかりやすいようにカンタンな形で表しているぞ！

ごらんあれ

神社　鳥居の形

警察署　2本の警棒

それは？

博士の記号！

もちろんこんなのない。

重要用語

三角点…各地点間の方位ときょりを測定するときの位置を決める基準となる地点。山頂など見晴らしのよいところに設けられている。

17　第1章：日本のすがた

マメ知識

どうしてその地図記号ができたかを知っておくと、おもしろいぞ！

工場	病院	小・中学校
機械の歯車	赤十字のマーク	「文」という字

税務署	城あと	消防署
そろばんの玉とじく	城の形	昔の火消し道具

入試に出る！

高さや位置を示すための地図記号には、水準点や三角点のほかに電子基準点もある。これは、人工衛星の信号を受信して正確な位置を求めている地点である。

上は**三角点**で、下は**水準点**じゃ。数字が標高を表しておる。

△ 21.7
⊙ 52.6

こんな記号もあったよ。

どうじゃ！ 地形図にはいろんな情報がつまっとるじゃろ！

地形図を読めれば、いろんなことがわかるんじゃ！

もっとくわしく

新しい地図記号

社会の変化につれて生まれる

最近生まれた新しい地図記号のうち、風車と老人ホームの地図記号は、2006年に、小中学生の考えたデザインをもとに取り入れられた。風車は、近年注目され、各地につくられるようになっている風力発電用の風車である。また、老人ホームは、近年の高齢社会の進展につれて増えている施設だ。どちらも、近年の産業や社会の変化によって生まれた地図記号だ。

新しい地図記号

図書館（本を開いた形）	博物館・美術館（建物の形）
風車（風車の形）	老人ホーム（家の中につえの形）

重要用語

水準点…土地の高さを測量するときの基準となる地点。おもな道路で約2kmごとに設けられている。

マメ知識

広葉樹とは、ブナやカエデなどのはばの広い葉をもつ木のことで、秋になると紅葉する。秋、地形図を持ってハイキングするときは、広葉樹林の地図記号が多く見られるところをめざせば、美しい紅葉を見ることができる。

「さあ、登るわよ！」

「なるべくユルい坂のほうから登ろうよ～。」

「もうつかれてるのか、ダイチくん…。」

「それなら、東の斜面から登るのがよいぞ！」

「えっ!?」

「山を見ないでどうしてわかるの!?」

「この地図の線の間かくを見ればいいんじゃ。」

「もしかしてエスパー？」

「これは、**等高線**ね！同じ高さの地点を結んだ線なのよね。」

重要

1:25000

「そう！等高線の間かくが広いところはかたむきがゆるやかなんじゃ。」

「つまり、こういうことね。」

間かくがせまい。／間かくが広い。
急／なだらか

きつー／あ～ラク♪

入試に出る！

重要用語　**等高線**…高さの等しい地点を結んだ線。おもに太い線の計曲線と細い線の主曲線がある。

第1章：日本のすがた

マメ知識

等高線の数を数えれば頂上のおよその高さもわかるのね。

	2万5000分の1の地形図	5万分の1の地形図
主曲線（細い線）	10mごと	20mごと
計曲線（太い線）	50mごと	100mごと

等高線が引かれる標高は、縮尺によって決まっとるんじゃよ。

計曲線　主曲線　132　100m　130m　1:25000

でも、なだらかな斜面が東だってことはどうしてわかったの？

地図では、とくにことわりがない場合、**上が北**なのよ。

だから右は東じゃな。

おそいのう、君たち。

ズルい〜！！

「ぼくらものせてよ」「頂上」「これでもけっこうキツいなぁ……」

地図のうち、航海などに利用する地図を海図という。水深を表す線は等高線ではなく等深線という。水深や海流の向きのほか、海底のようすや地質なども表された地図もあり、海底の地形図になっている。

もっとくわしく

等高線で読み取る谷と尾根

山地の細長いくぼ地を谷といい、谷と谷の間で、みねが連なっているところを尾根という。地形図では、等高線が山頂に向かってくいこむように曲がっているところが谷で、等高線が山頂から山ろくのほうに張り出しているところが尾根である。等高線から谷と尾根を見つけることで、山地の形をつかむことができる。

谷と尾根

等高線：谷　谷　尾根　谷

模型

参考

日本水準原点…日本の標高の基準となる地点で、東京都千代田区の国会議事堂近くにある。この地点の標高は24.4140mで、東京湾の平均海面から測っている。

第2節：地形図の見方

② いろいろな地図

地図には、実際に測量してつくった地図や、それをもとに編集した地図がある。また、縮尺も地図によってさまざまである。目的に合った地図を利用するようにしよう。

マメ知識

日本で初めて、実際に測量して全国の地図をつくったのは江戸時代後半の伊能忠敬で、忠敬が歩いたきょりは、歩数にすると約4000万歩になるという。明治時代以降、国は近代測量にもとづいて全国の地図をつくったが、忠敬の地図の一部は昭和の初めまで使われていた。

へえ、いろいろあるんだね。

これは決められたテーマについて、わかりやすく表した地図である！

交通路線図

観光案内図

でも、土地の高さや土地利用について調べるには**地形図**が見やすいわね。

市のようすを調べるにはどんな地形図がいいのかな？

1万分の1とか2万5000分の1とか、縮尺の大きな地形図を見るといい。

縮尺の分母が小さいほど、**縮尺が大きい**というんじゃ。

参考

主題図…地図のうち、特定のテーマ（主題）について表した地図を主題図という。主題図には土地利用のようすを色でぬり分けた土地利用図などがある。

第1章：日本のすがた

マメ知識

2万5000分の1のほうが細かくわかるわ。

公園のようすもよくわかる！

2万5000分の1地形図（右と同じ場所）
東京首都　（国土地理院）

5万分の1地形図
東京東北部　（国土地理院）

地形図作りの空中測量は、測量用カメラを取りつけた飛行機で、上空約6kmからさつえいする。このとき、目標地域のとなり合う写真が約60％ほど重なるようにさつえいする。あとで重複させた写真を組み合わせて見ることで、地形を立体的にとらえるためである。

関東地方の各都県の耕地割合
（2011年）

	茨城	栃木	群馬	埼玉	千葉	東京	神奈川
割合	29%	20	12	21	25	4	8

県や市のようすを調べて発表するときは、下のように**統計地図**をつくってみるといいぞっ！

上の資料から各都県の耕地割合を地図上に色分けすると…

こうなるっ！

おおっ！ひと目でちがいがわかる！

円の大きさなどを利用する地図もあるよ。

関東地方の各都県の耕地割合

群馬　栃木　茨城　埼玉　東京　神奈川　千葉

■ 20〜30%未満
■ 10〜20%未満
■ 10%未満

米の生産量が多い道県
全国計852万t
（2012年）
（単位万t）

北海道 64
秋田 52
山形 40
新潟 66
岩手 31
宮城 39
福島 37
茨城 41
栃木 34　千葉 33

参考

統計地図…統計資料などの数値を示した地図。地域別の人口や農業生産額などを点や円，棒の大きさ，色分けで表したものなどがある。

要点整理と重要事項のまとめ ①

1. 日本の国土

①日本の位置と大きさ
- ●日本の位置…ユーラシア大陸の東。北緯約20～46度，東経約122～154度。
- ●日本の領土…面積は約38万km²。北海道，本州，四国，九州の4つの大きな島と7000ぐらいの小さな島。
- ●東西南北のはし…東端は南鳥島，西端は与那国島，南端は沖ノ鳥島，北端は択捉島。
- ●経済水域…沿岸から200海里の範囲。

②日本の地形
- ●山がちな地形…国土の約4分の3が山地（丘りょう地は山地にふくめる）。
- ●日本アルプス（日本の屋根）…中央高地の飛騨山脈・木曽山脈・赤石山脈。
- ●リアス海岸…出入りの多い海岸地形。三陸海岸（南部），若狭湾岸などに発達。
- ●川の特色…いっぱんに短く，流れが急。
- ●川がつくる地形…谷口に扇状地，河口に三角州。

2. 地形図の見方

①地形図のきまり
- ●縮尺…実際のきょりを地図上に縮めた割合。
- ●実際のきょりの求め方
  地図上の長さ×縮尺の分母
- ●地図記号…その土地が何に利用されているかや，どんな建物・施設があるかなどを示す。
- ●建物や施設の地図記号…◎ 市役所
  ☆ 工場　⊗ 警察署　⊕ 病院
  卍 神社
- ●土地利用の地図記号… ‖ 田
  ∨ 畑　○ 果樹園
- ●等高線…同じ高さの地点を結んだ線。
- ●等高線（主曲線）の間かく…2万5000分の1地形図では10mごと，5万分の1地形図では20mごと。
- ●土地の傾斜…等高線の間かくがせまいところほど，傾斜が急。広いところほど，傾斜はゆるやか。
- ●方位…とくにことわりがない場合，上が北。

②いろいろな地図
- ●縮尺のちがい…縮尺が大きい地図ほど実際のようすが細かくわかる。縮尺の分母が小さいほど，縮尺が大きいという。
- ●統計地図…統計資料をもとにつくった分布図など。

重要事項の一問一答 ①

❶ 日本の国土

（▼答え記入らん）

① 日本は，何という大陸の東に位置していますか。

② 日本列島の4つの大きな島は，北海道，四国，九州ともう1つは何ですか。

③ 日本の北のはしの島は択捉島です。南のはしの島は何ですか。

④ 沿岸国が水産資源などに権利をもつ経済水域は，おもに沿岸から何海里の範囲ですか。

⑤ 三陸海岸南部などに発達している，出入りの多い海岸地形を何といいますか。

⑥ 川が山地から平地に出るところに土砂を積もらせてできる扇形の地形を何といいますか。

❷ 地形図の見方

（▼答え記入らん）

① 実際のきょりを地図上に縮めた割合のことを何といいますか。

② 5万分の1地形図上で2cmの長さは，実際には何mになりますか。

③ 地図上では，とくにことわりがない場合，上はどの方位を示していますか。

④ 工場の地図記号は，⊕，⊗，☼ のうちのどれですか。

⑤ ˚˳˚ の地図記号は，畑，田，果樹園のうちのどれを表していますか。

⑥ 土地の傾斜が急なところは，等高線の間かくはどうなっていますか。

⑦ 1万分の1と5万分の1の地形図のうち，地表のようすが細かくわかるのはどちらですか。 ┄┄┄ ＿＿＿ の地形図

答え
❶ ①ユーラシア大陸　②本州　③沖ノ鳥島　④200海里　⑤リアス海岸　⑥扇状地
❷ ①縮尺　②1000m　③北　④☼　⑤果樹園　⑥せまくなっている　⑦1万分の1（の地形図）

第3節：日本の気候と自然災害

① 日本の気候

日本の気候は，大きく6つに分けることができる。それぞれどんな特色があるか見ていこう。また，なぜそのような気候になるのかも理解しておこう。

マメ知識
近畿地方の紀伊山地東部の大台ヶ原山周辺は、日本で最も雨の多い地域の1つとして知られている。紀伊山地は、この雨の多さと温暖な気候が豊かな森林を育て、昔から全国有数の林業地帯である。

「もしもしおばあちゃん，元気？」
「元気じゃよ。」
「新潟のおばあちゃんから電話ですって。」

「えー!? そっちは今日大雪なの!?」
「こっちはよい天気」

「同じ日本なのに…。風の影響があるんじゃよ。」

「冬は、風が日本海側からふいているわ！」
「んで夏はぎゃくだ！」

冬の北西の季節風 → 日本海
夏の南東の季節風 → 太平洋

「このように夏と冬とで反対の方向からふく風を**季節風**というんじゃ。」
「モンスーンともいう。」

入試に出る！

重要用語
季節風…モンスーンともいう。大陸東岸に強くふき、夏は海洋から、冬は大陸からふく。日本では夏は太平洋からふく南東の風で、冬はユーラシア大陸からふく北西の風。

25　第1章：日本のすがた

マメ知識

風が山地をこえるとき、風下側で気温が上がり、空気がかんそうすることをフェーン現象という。夏、東北地方の日本海側や北陸地方などで起こりやすく、山形県の山形市や酒田市では40度をこす気温を記録したことがある。

冬の季節風

冷たくしめった大陸からの風 → 雪 → 越後山脈 → かわいた風
日本海　越後平野　関東平野　太平洋

> 冬のしめった季節風が日本海側に雪を降らせるんだね。
> 太平洋側は晴れの日が多くてカラカラね。

夏の季節風

かわいた風 ← 越後山脈 ← 雨　暖かくしめった風 ←
日本海　越後平野　関東平野　太平洋

> 夏は、暖かい南東の季節風の影響で、太平洋側では雨が多くなるんじゃ！
> それで蒸し暑いのか～。

降水量のグラフを見ると、**日本海側は冬の降水量が多い**ね！冬に雪が多く降るからだね。太平洋側とは逆に谷型だ。

日本海側の気候グラフ
上越（高田）
平均気温13.6℃
年降水量2775.3mm
「理科年表」

太平洋側の気候グラフ
東京
平均気温16.3℃
年降水量1528.8mm
「理科年表」

参考　偏西風…地球の中緯度地域で1年中西からふいている風。大陸西岸に強くふき、ヨーロッパ西部などの気候に影響をあたえている。

26

日本の気候区分
「理科年表」

- 北海道の気候（札幌）
- 日本海側の気候（上越(高田)）
- 太平洋側の気候（東京）
- 瀬戸内の気候（松本／高松）
- 中央高地の気候
- 南西諸島の気候（那覇）

重要

マメ知識
海水の一定方向への流れを海流という。このうち暖流の黒潮は流れが速く、「海を流れる川」ともいわれる。黒潮は水温の関係で周りの海水より黒っぽいため、こう呼ばれる。

「中央高地とか瀬戸内って、どんな地形？」

「中央高地は周りをけわしい山々に囲まれておる。」

「瀬戸内は南と北に山地がある。」

「そういう地形の場合、季節風は…」

「夏も冬も山にさえぎられるんじゃない？」

「たまにはスルドイな、ダイチくん!!」

「そのとおり！だから1年を通して降水量が少なくなるんじゃ！」

「たまにはって…」

瀬戸内の気候グラフ
高松
平均気温16.3℃
年降水量1082.3mm
「理科年表」

中央高地の気候グラフ
松本
平均気温11.8℃
年降水量1031.0mm
「理科年表」

「日本海側や太平洋側に比べると降水量が少ないわね。」

「この2つ、降水量は似ているけど、冬の気温は瀬戸内のほうが中央高地より高いや！」

「なんで？」

参考 **海洋性気候と大陸性気候**…世界では，島国の日本や大陸の海岸部のように海洋の影響を強く受ける気候を海洋性気候といい，内陸部の気候を大陸性気候という。

第1章：日本のすがた

マメ知識

標高が100m高くなるごとに気温が約0.6度下がるといわれる。そのため、世界の国の中には、低地が温帯や熱帯の地域でも高山の気候は寒帯に分類されるところがある。標高2000mの地点では標高0mの地点より12度下がることになる。

（コマ1）
瀬戸内は、そこに面している海の影響を受けているんじゃね。

（コマ2）
海が近いと、冬もあまり寒くならないの？

そう！逆に中央高地のような内陸地域は熱しやすく冷めやすいので、夏は暑く、冬はかなり寒いのじゃ！

（コマ3）
1月の沖縄

（コマ4）
1月の北海道

（コマ5）
ずいぶん気候がちがうね！

うむ！日本の大部分は**温帯**なんじゃが、北海道は**冷帯**（**亜寒帯**）、南西諸島は**亜熱帯**なのじゃよ！

もっとくわしく 気候に影響をあたえる 日本近海の海流

海流のうち、周りより水温が高く、低緯度地域から高緯度地域に流れている海流が暖流、周りより水温が低く、高緯度地域から低緯度地域に流れている海流が寒流だ。日本近海の暖流のうち、黒潮（日本海流）は西南日本の太平洋岸の気候を温暖にし、寒流の親潮（千島海流）は東北地方の太平洋岸の気候を冷涼にしている。

日本近海の海流

→ 寒流
→ 暖流

リマン海流、対馬海流、日本海、親潮（千島海流）、黒潮（日本海流）、太平洋

参考

世界の気候帯…熱帯、乾燥帯、温帯、冷帯（亜寒帯）、寒帯に分けられる。熱帯は赤道周辺、冷帯（亜寒帯）は北半球の高緯度地域、寒帯は北極・南極周辺に見られる。

第3節：日本の気候と自然災害

２ 日本の自然災害

日本は台風や集中豪雨による風害・水害などの被害が多い。また，地形との関連で，地震や火山のふん火もしばしば起こる。これらの自然災害について見ていこう。

マメ知識

台風は、北半球の太平洋上で発生する熱帯低気圧で、最大風速が毎秒17.2m以上のものをいう。北半球の大西洋上で発生するのはハリケーン、インド洋上などで発生するのはサイクロンという。

台風10号が沖縄県に接近しています。

ぼくら、沖縄に来たんだ！

たいへんじゃ！早く次の目的地に出発しよう！

もちろん博士のオゴリ！

台風10号が今夜高知県に…。

高知県

えっ!? また!?

ちょうど、台風の通り道に来てしまったようじゃな～。

ほら、**九州・中国・四国地方**は、とくに台風がよく来るんじゃ。

重要

日本をおそったおもな台風

- 平成3年第19号（1991年9月）
- 洞爺丸（1954年9月）
- カスリーン（1947年9月）
- 室戸（1934年9月）
- 伊勢湾（1959年9月）
- 枕崎（1945年9月）

「理科年表」

梅雨が明けたばっかりっていうのに…。蒸し暑い日が続くな～。

じめじめ

重要用語

梅雨…おもに6月から7月にかけて続く長雨。末期にはしばしば集中豪雨が起こる。北海道には梅雨は見られない。

29　第1章：日本のすがた

風害

梅雨の終わりにもこう水やがけくずれなどの被害が出ることがあるわ。

梅雨の雨は、農業に欠かせない水じゃ。台風も、被害が出ることもあるが、日本に水をもたらしてくれるという面もある。

カラ梅雨の年は、農作物がよく育たなくて困るよ。

こう水やがけくずれ

台風のときはあちこちでいろんな被害が出るよね。

農作物の被害っていえば、北海道や東北地方では夏に困ったことがときどき起こるみたいね。

東北地方

夏なのに寒ーい！太陽も出ていないし…。

うぅ…、全然イネが育たん…。

夏の低温や日照不足のため、農作物がじゅうぶん育たない被害を**冷害**という。

冷害は、初夏に**やませ**という冷たい北東風がふくと起こりやすいんじゃ。

冷害の多い地域

やませ →

冷害の多いところ

太平洋側がおもに被害を受けているわ。

マメ知識

北海道の太平洋沿岸では、夏に濃い霧（濃霧、海霧）が発生することがある。これによって、沿岸では日照不足で農作物が育たず、冷害にみまわれることがある。

参考

やませ…やませは生活に大きな影響をもたらすこともある。1993年の冷害では青森・岩手各県で被害が大きく、全国的にも不作となり、米を緊急輸入することとなった。

マメ知識

日本最高峰の富士山も、以前は活発な火山だった。とくに平安時代には何度もふん火している。最も近い時代に大ふん火をしたのは江戸時代の1707年のこと。このときは江戸でも強い地震が何度も起こり、関東地方一帯に多くの火山灰が降った。

ヒィ〜

命からがら家に帰ってみれば…。

ゴゴゴゴ…

わ！大きい〜!!
地震!!

グラグラ

防災頭きん！
非常持ち出し袋〜！

落ち着きなさい、2人とも…。

日本って地震が多くない？

火山のふん火もあるわよね。

ブルブル

地震や火山のふん火が建物や田畑に被害をもたらすこともあるんじゃ。

近年の火山のふん火と地震 「理科年表」

- 新潟県中越地震（2004年）
- 新潟県中越沖地震（2007年）
- 能登半島地震（2007年）
- 雲仙（普賢）岳（1990年）
- 福岡県西方沖地震（2005年）
- 阪神・淡路大震災（兵庫県南部地震）（1995年）
- 十勝沖地震（2003年）
- 有珠山
- 東日本大震災（東北地方太平洋沖地震）（2011年）
- 浅間山（2004年）
- 雄山（三宅島）（2000年）
- 阿蘇山（2005年）
- 御岳（桜島）（2013年）

ガクガク

だからこれちがうって…

これを見るとほんとうに多いな。

阪神・淡路大震災ではたくさんの人が亡くなったのよね。

ガクブル

ドォードォ

雄山がふん火した三宅島では、島の人全員がひなんしたんじゃ。

重要用語

造山帯…地かくが不安定で、隆起などの活動が活発な地帯。太平洋をとり囲む環太平洋造山帯とユーラシア大陸南部のアルプス・ヒマラヤ造山帯がある。

第1章：日本のすがた

マメ知識

日本で地震が多いのは何でだろう…。

日本は、**環太平洋造山帯**といって、大地の動きが活発な地帯にあるんじゃ。

日本をふくむ**環太平洋造山帯**

ここでは地かく変動がはげしく、火山活動も活発…。

だから地震もよく起こるんじゃ。

地震のときは**津波**が起こることもあるよね！

東日本大震災でもそうだったわ！

地震は予知が難しいから、ふだんから準備しなくちゃね！

だからそれ、ちがうって…。

1995年1月17日、兵庫県淡路島北部を震源として阪神・淡路大震災が起こった。兵庫県・大阪府を中心に大きな被害を出し、死者は6400人あまり。大都市で起こった直下型地震のため、家がたおれたことによるぎせい者が多かった。高速道路や新幹線の線路など交通もうも大きな被害を受けた。

もっとくわしく

多くのぎせい者が出た 東日本大震災

2011年3月11日、三陸沖を震源地として起こった大地震にともなう被害。マグニチュード9.0の地震で起きた巨大津波により、太平洋沿岸部は壊滅的な被害を受け、死者・行方不明者は2万人近くにおよんだ。また、福島第一原子力発電所で事故が発生し、大量の放射性物質が拡散した。

津波によって生じたがれきの山
(J.S.フォト)

重要用語

津波…地震や海底火山のふん火などによって陸地におし寄せる高波。2005年に起こったインド洋津波では数十万人のぎせい者が出た。

第4節：日本の人口

① 日本の人口と人口密度

日本の人口と人口密度の特色を世界の国々と比べながらつかもう。また，大都市の過密や農山村地域の過疎などの問題についてもおさえておこう。

人口の多い国（2012年）

1位　中国　約13.8億人

2位　インド　約12.4億人

3位　アメリカ　約3.2億人

・・・

10位　日本　約1.3億人

東京（渋谷）

いったいどれくらいの人がいるのかしら…。

ふぇ〜，日本は人が多すぎる〜。

世界の国々と比べるとこんなカンジじゃ。

1〜3位は、どこも面積の大きな国じゃない！

日本は面積が小さいわりに人口が多い！！なんてこと〜。

ソラちゃん、おちついて…

そう。日本は人口密度がとても高い国なんじゃ。

マメ知識
都道府県のなかで人口密度が低いのは、第1位が北海道、以下、岩手県、秋田県の順。北海道の1km²あたりの人口は約70人で、最も人口密度が高い東京都（6045人）の約86分の1である（2012年）。

重要用語　**太平洋ベルト**…関東地方南部から九州地方北部にかけて，大都市や工業地帯・工業地域が連なっている地域。おもに太平洋側に帯（ベルト）のように連なっているので，こう呼ばれる。

第1章：日本のすがた

マメ知識

おもな国の人口密度 （2012年）

※1km²あたりの人口

- オーストラリア 3人
- アメリカ 33人
- 日本 342人

人口÷面積＝人口密度

人口密度って何？

単位面積あたりの人口のことじゃ。この式で計算すると、日本の人口密度は、1km²あたり約343人になるぞ。

オーストラリアは人口密度が低くてうらやましいな～。

ひろびろー…

日本ってどこもこんなに人口密度が高いの？

人口が多いおもな都市

札幌市・大阪市・神戸市・仙台市・広島市・さいたま市・北九州市・東京（23区）・川崎市・横浜市・福岡市・名古屋市・京都市

わっ！人口が多い都市は、関東地方の南部から九州地方の北部にかけて多いね！

うむ！人口が多い都市はおもに太平洋側に帯状に連なっているので、この地域を**太平洋ベルト**という！

おっこれは海上のベルト

県や市町村の人口は、昼間人口と常住人口にも分けられる。会社や学校の多い東京都・大阪府・愛知県などは、昼間人口が常住人口を上回っている。常住人口は実際に住んでいる人口。昼間人口は、その県や市町村に通勤や通学している人の数と常住人口を足した人口。

参考

都道府県の人口…人口の多い都道府県は、多い順に東京都・神奈川県・大阪府・愛知県・埼玉県・千葉県・兵庫県・北海道。最も少ない県は鳥取県。（2012年）

三大都市圏の面積の割合 (2012年)

- 東京50キロ圏 1.9
- 大阪50キロ圏 1.9
- 名古屋50キロ圏 2.0
- その他
- 総面積 37万2900 km²

※総面積は北方領土を除く。

三大都市圏の人口の割合 (2012年)

- 東京50キロ圏 25.5%
- 大阪50キロ圏 13.0
- 名古屋50キロ圏 7.1
- その他
- 総人口 約1.3億人

マメ知識

第二次世界大戦後ふえ続けていた日本の人口は、少子化の影響で、2005年に初めて減少した。今後も人口は減少し、2048年には現在よりも2000万人以上減って1億人を割ると予想されている。

国内でも人口密度は地域によってずいぶんちがうんじゃ。

三大都市圏の人口は、日本全体の半分近くね！

でも面積の割合はこんなに小さいよ！人口密度の高さがわかるね！

重要

この、三大都市圏のように人口が集中しすぎている状態を**過密化**というんじゃ！

東京・大阪・名古屋は、周りに大きな工業地帯があったな…。

会社や工場が多いし、交通も発達しているから人が集中するのね！

過密地域では困ったことがあってのう…。

さまざまな公害

地価が高い

通勤ラッシュ

マンション 1億円

参考

ドーナツ化現象…大都市で、中心部の人口が少なく、郊外の人口が増加する現象。高い地価などが原因。最近は中心部の再開発が進み、この現象は弱まってきている。

第1章：日本のすがた

マメ知識

- ぼくのばあちゃんのいなかは、地域の人口が減りすぎて困ってたけどなぁ。
- 村の若い人はみんな都会へ働きに行っちゃってね〜。
- 交通機関が少なくて不便だし、病院も少なくて困るわい。

人口が減りすぎて、社会生活が難しい状態を**過疎（化）**という。

過疎地域は山間部に多いのね！

離島でも過疎が進んでいるよ。

過疎地域でも**町おこしや村おこし**といって、地域の特色をいかして町や村を活性化させようとがんばっているところも多いぞ!!

過疎地域の分布（2009年）

過疎地域

政令指定都市は、人口が50万人以上で、行政などの面で都道府県なみの権限をもっている都市をいう。2012年現在、札幌・仙台・さいたま・千葉・横浜・川崎・相模原・新潟・静岡・浜松・名古屋・京都・大阪・堺・神戸・岡山・広島・北九州・福岡・熊本の20都市が指定されている。

もっとくわしく

増え続ける世界の人口

2012年の世界の人口は約71億人。このうちアジアの人口が全体の60％あまりをしめている。また、全体の約80％が経済発展のおくれている発展途上国に住んでおり、貧困や食料不足になやんでいる人も多い。世界の人口は、今後もアジア・アフリカを中心に増え続け、2035年には86億人になると予想されている。

世界の人口の動き

（億人）

- 中南アメリカ・オセアニア
- 北アメリカ
- ヨーロッパ
- アフリカ
- アジア

世界人口

1950 60 70 80 90 2000 2012年

参考

町(村)おこし…地域の特色をいかした産業をさかんにするなどして、地域を活性化しようとする動き。過疎地域の町や村などで行われている。地域おこしともいう。

第4節：日本の人口

❷ 日本の人口構成

近年，日本では，子どもの数が少なくなり，高齢者が増加する傾向が続いている。このような人口構成の変化について見ていこう。また，その問題点も理解しよう。

マメ知識

日本では、高齢化が世界でも例を見ないほどの速さで進んでいる。65歳以上の高齢者が人口にしめる割合は、1980年には9.1%だったが、1990年には12.0%、2005年には20.2%になり、2030年には約32%になると予想されている。

思い出すのう…。わしが子どものころは、もっと子どもが多かったものじゃ…。

3人きょうだい
4人きょうだい
5人きょうだい

最近、日本では**出生率**が下がり、子どもの人口が減っている！
少子化じゃ！

ぼくはひとりっ子だけど、じいちゃんとばあちゃんは元気だよ。

それに引きかえお年寄りの人口は増えている！！**高齢化**じゃ！

医療が発達して、平均寿命がのびているからじゃない？

重要用語　合計特殊出生率…1人の女性が一生の間に産む子どもの平均数。日本では1970年には2.13人だったが、2011年には1.39人に減っている。

第1章：日本のすがた

マメ知識
日本人の平均寿命は、2011年では、男性は約79.4歳で、女性は約85.9歳。世界の国々のうち、アメリカは男性76.2歳、女性81.1歳（2010年）、中国は男性69.6歳、女性73.3歳（2000年）。

これを見るんじゃ〜!!

日本の人口構成の変化 （入試に出る！）

- 富士山型（1935年）：子どもが多い
- つりがね型（1960年）：子どもが少なくなってきている
- つぼ型（2012年）：高齢者が多い／子どもが少ない

（総務省資料）

わっ、昔は子どもが多くて、お年寄りは少なかったのね！

現在のように、人口にしめる高齢者の割合が高くなっている社会を…、**高齢(化)社会**というのじゃ!!

日本は急速にそうなっているのね。

お年寄りが多いと、何か問題あるの？

お年寄りを支える若い人が少なくなって大変になるんじゃ!!

今後も高齢者は確実に増える…。高齢者が安心して暮らせるしくみを充実させねばならんのじゃ。

はいはい、だいじにしますよ、博士！

すまんのう。ってワシ、まだ若いわ〜いっ!!

年金などの**社会保障制度**の費用をどう確保するのかも問題なのよね。

重要用語
社会保障制度…国民の最低限度の生活を保障するためのしくみ。医療(健康)保険や年金保険などの社会保険、生活に困っている人を助ける公的扶助(生活保護)などがある。

要点整理と重要事項のまとめ ②

3. 日本の気候と自然災害

①日本の気候
- **季節風（モンスーン）**…夏と冬で反対の方向からふく風。
- **日本の季節風**…夏は太平洋からふく南東の風，冬は大陸からふく北西の風。
- **太平洋側の気候**…夏の降水量が多い。
- **日本海側の気候**…冬は雪のため降水量が多い。
- **中央高地の気候**…降水量が少なく，冬の寒さがきびしい。
- **瀬戸内の気候**…降水量が少なく，冬も比かく的暖かい。
- **北海道の気候**…冷帯（亜寒帯）。
- **南西諸島の気候**…亜熱帯。

②日本の自然災害
- **大雨**…台風や梅雨、集中豪雨などによるこう水やがけくずれの被害。
- **東日本大震災（東北地方太平洋沖地震）**…2011年。東北、関東地方に津波や液状化の被害。
- **冷害**…冷たい北東風のやませの影響で、農作物に被害。北海道や東北地方の太平洋側で多い。
- **多い地震と火山の噴火**…日本は環太平洋造山帯の一部で大地の動きが活発。
- **阪神・淡路大震災（兵庫県南部地震）**…1995年。淡路島北部が震源で、兵庫県・大阪府を中心に被害。

4. 日本の人口

①日本の人口と人口密度
- **日本の人口**…約1.3億人。
- **人口の多い都市**…東京（23区），横浜，大阪，名古屋，札幌など。
- **人口の集中する地域**…関東地方南部〜九州地方北部の太平洋ベルト。
- **三大都市圏**…東京，大阪，名古屋。過密（化）が問題。
- **過密（化）**…人口が集中しすぎること。大都市は地価が高く、公害なども問題。
- **過疎（化）**…人口が減りすぎて，社会生活が難しくなること。

②日本の人口構成
- **少子化**…出生率が下がり，子どもの人口が減少。
- **高齢（化）社会**…平均寿命がのび、高齢者の割合が増加。
- **人口ピラミッド**…富士山型→つりがね型→つぼ型へと変化。

重要事項の一問一答 ②

③ 日本の気候と自然災害

（▼答え記入らん）

①日本で，季節風が太平洋からふくのは夏と冬のどちらの季節ですか。

②冬の降水量が多いのは太平洋側の気候と日本海側の気候のどちらの気候ですか。

③中央高地の気候と瀬戸内の気候に共通する降水量の特色を書きなさい。

④世界の気候区分では，北海道は何という気候帯にふくまれますか。

⑤おもに6月から7月にかけて続く長雨を何といいますか。

⑥地震が多く火山活動が活発な日本は，何という造山帯に属していますか。

⑦2011年に東北地方が巨大な津波におそわれた震災を何といいますか。

④ 日本の人口

（▼答え記入らん）

①関東地方南部から九州地方北部にかけて大都市が集中しています。この地域を何といいますか。

②三大都市圏は，東京と大阪のほか，あと1つはどこですか。

③農村や山村などで，人口が大きく減り，社会生活が難しくなることを何といいますか。

④近年，出生率が下がり，子どもの人口が減っています。このことを何といいますか。

⑤人口にしめる高齢者の割合が高い社会を何といいますか。

⑥日本の現在の人口ピラミッドは，つぼ型と富士山型のどちらですか。

答え ③ ①夏 ②日本海側の気候 ③降水量が少ない ④冷帯（亜寒帯） ⑤梅雨 ⑥環太平洋造山帯 ⑦東日本大震災（東北地方太平洋沖地震） ④ ①太平洋ベルト ②名古屋 ③過疎（化） ④少子化 ⑤高齢（化）社会 ⑥つぼ型

第2章 日本の食料生産

日本の農業や水産業について学習していこう。近年の変化と問題点も理解しよう。

第1節：米づくりがさかんな地域

1 米づくりがさかんな地域

日本の農業の中心となっている米づくりについて学習しよう。まず、日本で米づくりがさかんな理由や、とくに米の生産量が多い都道府県などを見ていこう。

耕地面積のうちわけ（2012年）
- 総計 455万ha
- 田 54.3%
- ふつう畑 25.6
- 牧草地 13.5
- 樹園地 6.7

＊樹園地は果樹園、茶畑など
＊四捨五入の関係で合計100％にならない。

米の生産量が多い道県
全国計852万t（2012年）（単位万t）
- 北海道 64
- 秋田 52
- 岩手 31
- 山形 40
- 宮城 39
- 新潟 66
- 福島 37
- 茨城 41
- 栃木 34
- 千葉 33

お昼どき
ゴハンもの食べたい!!
いや！パスタ!!
まあ落ち着け…。
米は昔から日本人の主食じゃからな〜。稲は暑い地域に合った作物で、夏には高温になり、雨が多い日本の気候に合っているんじゃ。
もめとらんで、これを見てごらん。田がいちばん多い！
日本の農業は米づくりが中心なのね！
でも寒い地方の生産量が多いよ？北海道や東北、北陸…。どうして？

入試に出る！

重要用語 **土地改良**…生産力を高めるため、農地を改良すること。水はけの悪い湿田を乾田に変えたり、ほかからよい土を運んで加えたり（客土）する方法がある。

第2章：日本の食料生産

それはな、寒さに強い稲の品種をつくる努力をしてきたからじゃ!!

それにこれらの地方は米づくりにてきした土地なんじゃ。

広い平野に水田が広がっている…。

庄内平野の水田地帯　（ピクスタ）

米づくりにはたくさんの水が必要だし、川から栄養分の豊かな水が運ばれてくるからじゃない？

そのとおーり！

全国各地で**土地改良**をしたり、**干拓**で耕地をつくったりして、米づくりを進めてきたんじゃ。

だから生産量が増えたんだね。

けっきょくファミレス。

日本人が米づくりにかけてきた情熱のすごさ…。燃える〜!!

ダイチくんもお米をつくってみたら？

そうじゃの〜。好きなだけ腹いっぱい食べるぞ。

農家にホームステイして教わってきたら？

次の日

ホントに行っちゃった…。ノリのいいやつじゃ…。

博士とソラちゃん　しばらく修業にでます　ダイチ

イッパイゴーゴー

マメ知識

米などの作物を同じ耕地で1年に2回つくることを二期作という。稲の二期作は熱帯の東南アジアなどで行われている。日本でも、高知平野などの地域で行われていたが、人手がかかるとともに、米があまるようになってきたことなどから、今はほとんど行われていない。

重要用語

干拓…海や湖の一部を堤防でしめきり、排水して陸地をつくること。おもに耕地に利用される。海などの一部を土砂でうめて陸地をつくることは、うめ立てという。

第1節：米づくりがさかんな地域

❷ 米づくりの仕事

苗づくり—田おこし—田植え—稲かりと続く米づくりの仕事について見ていこう。それぞれの仕事の内容やどんな機械が使われているかについても理解しよう。

マメ知識

同じ耕地で、1年の間に2種類の異なる作物をつくることを二毛作という。おもに暖かい地域で行われている。稲のように中心となる作物を表作、稲をつくったあとにつくる麦などを裏作という。

ダイチは米づくりの手伝いちゃんとできてるかのぉ～？

（たよった 新潟のばあちゃんのちづ がんばってます）

今、苗を育てているよ！これをたんぼに植えるんだ。

田植えはまだラテ！

その前にやってもらうことがいっぱいあるテ！

（うそーん）

4～5月 田おこし、しろかき

↓トラクター

土をたがやしたり、水を入れて土を平らにしたりするんラテ。

5月 田植え

↓田植え機

苗は機械で一度にたくさん植えるテ。

重要用語

田おこし・しろかき…稲がよく育っていくように土をたがやすのが田おこし、水をいれてから土の表面を平らにし、田植えをしやすいようにするのがしろかき。

第2章：日本の食料生産

マメ知識

6〜8月 消毒、肥料をまく

病気や害虫を防ぐために薬をまくテ。

田の水の調節も大事な仕事ラテ。

9〜10月 稲かり

穂が黄金色になったら収かくラテ。

コンバイン

とったどー!!

まだやってもらうことがあるテ!

来年のための土づくりラテ!

米づくりは大変じゃのぉ。

稲かりをして収かくした状態の米はもみという。これからもみがらをとったものを玄米という。この状態でも食べられるが、ふつうは、精米して、ぬかや胚芽をとり、白米にして食べる。

農事ごよみ（ある農家の例）

1月	2月	3月	4月	5月	6月	7月	8月	9月	10月	11月	12月
土づくり		種まき・苗づくり			水の管理					土づくり	
			田おこし・しろかき		消毒する, 肥料を加える			稲かり			
				田植え							

やらなければならんことがこんなにあるんじゃ。

これからはお米を残さず食べます!!

参考

中ぼし…夏に，田の水をぬいて土をかわかすこと。稲の根の育ちを悪くするガスがぬけ，酸素が土の中に入って根がよくのび，じょうぶになる。

第1節：米づくりがさかんな地域

❸ 生産を高めるくふう

農作業の機械化や稲の品種改良など、米の生産を高めるくふうについて見ていこう。また、たい肥を使った農業や、環境にやさしい米づくりについてもおさえよう。

マメ知識

排水が悪く、いつもじめじめしている田を湿田という。湿田は農作業がしづらく、機械を利用することが難しい。また、排水をしてかんそうさせると畑作もできる田は乾田という。

ダイチ君のようすを見に行ってきました。

米づくりはこれに乗れるのが楽しいんだよね〜。

昔はみんな手作業でやってたから大変ったテ。

そうラったなー。

今の田植えは、人の手でやっているときに比べて、5分の1くらいの時間ですムテ。

でも機械を買う費用や燃料費がかかるでしょう？

機械は1台数百万円もするんだって…。

高ーい!!!

それがなやみラテ。でも機械を共同で使うこともあるテ。機械化のおかげで仕事の能率が上がり、生産量が増えたテ。

昔／今

重要用語

コンバイン…稲かりとだっこくを同時に行うことができる機械。機械の前のつめで稲をかりとり、後ろのドラムでもみとわらを分ける。

第2章：日本の食料生産

マメ知識

田の形が整っているから機械を使いやすいんですね。

この辺の田は昔はこんな形じゃった。

一区画の面積を広く、長方形などの形にすることを**耕地整理**というのじゃ。

新しい米づくりとして、直まき栽培が注目されている。これは、苗づくりや田植えをせずに、種もみを田に直接まいて栽培すること。こうすることで作業時間を減らすことができる。

うちの米は寒さに強くて収かく量も多いンだテ。

こうやって**品種改良**を行うことで、新しい品種がつくられるのじゃ。

いろんな品種をかけ合わせて、よりよい品種ができるのね。

新しい品種ができるまで

- 農林1号
- 農林22号
- 越南43号・大系437号
- PI NO-4

↓

- コシヒカリ（味がよい）
- 奥羽292号（寒さに強い）

↓

- あきたこまち（寒さに強く，味がよい）

もっとくわしく

銘柄米（ブランド米）

ユニークな名前もある

米の産地では、それぞれ味のよい米を開発し、独自の名前をつけて販売している。このような米を銘柄米とかブランド米という。米の流通のしくみが変わり、米の販売が自由に行えるようになってから、消費者に喜ばれる独自の米の生産が各地でさかんになった。現在、最も作付面積が広いのはコシヒカリである。

生産量の多い米の品種（2009年度）

- 秋田県産 あきたこまち 40
- 山形県産 はえぬき 25
- 宮城県産 ひとめぼれ 32
- 新潟県産 コシヒカリ 48
- 福島県産 コシヒカリ 29
- 茨城県産 コシヒカリ 32
- 栃木県産 コシヒカリ 28

※（単位t：25万トン以上）

（農林水産省資料）

重要用語

品種改良…性質の異なる品種をかけ合わせて、さらにすぐれた性質をもつ品種をつくり出すこと。稲などの農作物や家畜などで行われている。

46

マメ知識

水鳥のカモには、アイガモやカルガモ、マガモなどの種類がある。このうち、アイガモは、アヒルとマガモをかけ合わせた鳥。カルガモは、わたり鳥ではなく、1年中日本にいるカモである。

「夏のたんぽは気持ちいいなー。」
「空気がおいしい〜。」
「緑の稲（いね）は酸素（さんそ）をつくり出して空気をきれいにするからの〜。」

「いろんな生き物もいて楽しいよ。」

水田のはたらき

- 雨
- 空気をきれいにする
- 酸素
- 蒸発（じょうはつ）
- 水をたくわえる
- 気温（きおん）を調節（ちょうせつ）する
- 生き物のすみかになる
- 地下水になる

「わっ！カモがまぎれこんでる!!」
「ワシが放したテ。」
「アイガモは害虫（がいちゅう）や雑草を食べてくれるからのう。」

水田に放されているアイガモ
（ピクスタ）

重要用語
たい肥…わらや落ち葉などを積もらせて自然にくさらせた肥料（ひりょう）。わらやもみがらにぶたや牛のふんにょうなどを混ぜてつくる。養分（ようぶん）が豊富で、土をやわらかくする。

第2章：日本の食料生産

マメ知識

「害虫や雑草は農薬をまけば防げるんじゃないの？」

「農薬は、ききめはあるけど…。」

「使いすぎると人の健康に害が出たり、土の力が弱くなったりしてしまうんじゃ。」

「アイガモのふんは肥料にもなる。これを**アイガモ農法**というんだテ。」

重要

かわいー

山の斜面などに、階段のようにつくった田を棚田という。山がちな日本では各地に見られる。世界では、フィリピンのルソン島のコルディレーラの棚田群はとくに大規模で美しく、「天国へのぼる階段」と呼ばれ、世界遺産にも登録されている。

「これは何～？」

「**たい肥**といって、土に混ぜて使う大切な肥料だよ。」

たい肥のできるまで

家畜のふんにょう　もみがら　わら
↓
たい肥

近ごろは化学肥料を使わず、自然の力をいかしたたい肥を使うテ。

「安全で環境にやさしくおいしいお米をつくろうとしてるのね！」

「それがわしの自まんじゃテ。」

無農薬米
生産者 米田太郎

「インターネットでも売ってるんだテ。」

「おいしいお米が手に入りやすくなったんじゃ。」

「ばあちゃんすげー!!」

パチパチパチ

参考　**産地直送**…農産物や水産物などの生産者が、消費者に直接売ること。通常は、生産者→卸売業者→小売業者→消費者という順序で販売される。

第1節：米づくりがさかんな地域

④ 米づくりをめぐる動き

米の生産量が消費量を上回り、あまるようになって、どのような政策が行われたかを理解しよう。また、米の輸入や流通のしくみの変化などについてもおさえておこう。

マメ知識
世界で栽培されている米のうち、日本や朝鮮半島などで栽培されている米はジャポニカという種類。東南アジアの国々で多いのは、細長い米で、インディカという種類。ねばりけが少ないのでピラフなどの料理に向いている。丸っこく、ねばりけが多い。タイなどの

米の生産量・消費量の変化

（縦軸：万t、0〜1500）
生産量／消費量
消費量は年々減っている
1965年 70 75 80 85 90 95 2000 05 10
（農林水産省資料）

入試に出る！

もっとお食べ。

米うめー!!

ダイチはご飯をたくさん食べてくれてうれしいテ。

そのとおり！！

近ごろはみんな米をあまり食べないからな。

1960年代後半から米の生産量が消費量を上回る年が続いたんだね。

せっかく生産を増やす努力をしてきたのに、あまるなんて…。

そこで政府は1969年ごろから米の作付面積を減らし、米の生産をおさえる政策を始めたのじゃ！米の**生産調整**として**減反政策**をした。

ダイチには「しょうひちょうせい消費調整」がひつよう必要じゃな…。

こっちもこっちで、ふふふ…

重要用語
減反政策…転作などによって米の作付面積を減らす政策。米があまるようになり、その生産調整のために行われるようになった。

第2章：日本の食料生産

マメ知識

ここの畑も以前はお米をつくっていたテ。

転作といって、米以外の作物をつくることをすすめられたんだテ。

まだ食うのか…。

ウマソーなスイカ！

このごろは外国の要求もあって、安い外国米も輸入するようになりましたからねェ…。

そうじゃ！ワシも負けずにウマい米をつくるぞ！

新食糧法という法律ができて、以前より自由にお米を販売できるようになったから、おいしいお米ならたくさん売れると思いますよ！

見てろ外国米〜〜！！

ウォォォ 新米

ばあちゃんもがんばって売るよ！！

お米よりびっくり人間として売れそう。

わたしたちがふだん食べている米は、うるち米という。ほかに、もちやお赤飯にする米であるもち米も多くつくられている。また、昔、栽培されていた米に、赤米、黒米、緑米などという米もあった。

もっとくわしく

世界の米づくり 米の生産が多い国

米の生産量が最も多い国は中国である。米は暑い地域に合った作物で、中国のほかには南アジアや東南アジアの国々の生産量が多くなっている。アメリカでも、輸出向けに大規模な米づくりが行われていて、輸出量はタイが世界一である。また輸出量は世界有数である。日本の輸入米ではアメリカの米が最も多い。

国別の米の生産量と輸出量の割合

生産量 (2011年)
- 中国 28.0%
- インド 21.5
- インドネシア 9.1
- バングラデシュ 7.0
- ベトナム 5.9
- その他

輸出量 (2010年)
- タイ 27.3%
- ベトナム 21.0
- インド 12.8
- パキスタン 11.5
- アメリカ 6.8
- その他

重要用語

新食糧法…1994年に制定、翌年に施行された。政府が米を買い上げ、決められた値段で販売するしくみを改め、米の生産や販売がより自由に行えるようになった。

第2節：野菜とくだものづくり

① 野菜づくりがさかんな地域

地域の特色をいかした野菜づくりのようすを見ていこう。とくに、関東平野などでの近郊農業、高知平野などでの促成栽培、中央高地などでの高原野菜の栽培は重要。

東京都の市場に入荷される野菜の生産地の割合（2012年）

- 北海道 14.4%
- 千葉 13.6
- 茨城 12.9
- 群馬 7.2
- 長野 6.4
- その他
- 総量 約157万t

（東京都中央卸売市場HP）

関東地方の県が多いね！

東京都のスーパーマーケット

千葉県や茨城県とか、近い県でつくられた野菜が多いわ！

都道府県別の野菜の生産額（2010年）

- 1000億円以上
- 600〜1000億円未満
- 300〜600億円未満
- 300億円未満

九州地方で生産額が多い

近郊農業がさかん

こっちも、関東地方の県の生産額が多いわ！

どうしてなのかな？

> **マメ知識**
> 野菜づくりでは、同じ耕地でちがう野菜を組み合わせてつくるくふうがされている。同じ耕地で同じ作物をくり返しつくる（連作）と、土地の特定の養分が失われてしまったり、前につくった野菜についていた病害虫が土に残っていたりすることがあるからである。

> **参考**　**兼業農家と専業農家**…農業以外の仕事もする農家が兼業農家、農業だけを行う農家が専業農家。近年は主業農家、準主業農家、副業的農家という分類も使われている。

第2章：日本の食料生産

マメ知識
花も重要な農作物の1つ。富山県や新潟県のチューリップ、愛知県のきくなどは特産物として古くから有名。花（切り花）の出荷量が日本一の県は愛知県である。

関東地方は東京都をはじめ、野菜の消費量の多い大都市がたくさんあるからね！

おうっ！！

ほう。大都市が近くにあって有利なことって何でしょうな？

関東地方の農家代表

はーい！野菜がたくさん売れる大都市に新鮮なうちに安く運ぶことができる！！

そうだ！！

だから、大都市向けの野菜を作ってるよ！

いろんな野菜をつくっているね。

畑を有効利用すれば、収入を安定させることができるからね。

新しい家が多いわね。

最近は住宅が増えて、畑が少なくなってねぇ…。農業をやめる人も多くてさびしいよ。

では、四国の高知県に行ってみようか？

大都市から遠い地域では、どんな野菜づくりがさかんなのかしら？

大都市の近くで、大都市向けに野菜などをつくる農業を**近郊農業**というんじゃよ。

大阪・名古屋などの大都市の近くで、近郊農業がさかんなんじゃ！

重要用語
近郊農業…大都市の周辺で、大消費地である大都市に出荷するために、野菜や花などを生産する農業。新鮮な農作物を早く、安い輸送費で運ぶことができ、有利である。

マメ知識

交通の発達とともに、大都市から遠い地域でも大都市向けの野菜づくりが行われるようになった。これを輸送園芸農業という。高速道路や空港の整備、保冷車などの発達によってさかんになった。

冬・高知県 高知平野

「ビニールハウスの中はあったかーい。」

「まだ外は寒いけどね。」

「ピーマンやなすはもともと夏にとれる野菜だけど、わたしたちはこうしたビニールハウスや温室の中で冬につくっているんだよ。」

「ビニールハウスの中を暖かくして作物が早く育つようにしてるんだね!」

「そうすることで、ほかの産地では生産が少ない冬に出荷できるんじゃ。」

東京都の市場でのピーマンの入荷量と値段(2012年)

（東京都中央卸売市場HP）

「入荷量が少ない冬は値段が高いわ!」

「時期はずれの冬にあえてつくって、高い値段で売る!」

「うーん!商売上手っ!」

「このように、ビニールハウスなどで生育を早めて出荷する栽培方法を**促成栽培**というんじゃよ～。」【重要】

「この辺はビニールハウスがたくさんありますね。」

「高知県や宮崎県は冬でも暖かいから暖房費があまりかからないんだよ。」

重要用語　**促成栽培**…ビニールハウスや温室などを利用して野菜やくだものの生育を早め、ほかの産地より早い時期に出荷する栽培方法。

第2章：日本の食料生産

夏・長野県 野辺山原

「高原って夏でもひんやりしてるわ。」
「このあたりの畑は何をつくってるのかな？」
「夏はレタスやはくさいの出荷でいそがしいよ！」

「レタスやはくさいは平地ではおもに秋から春にかけて出荷するけど…」
「高地はすずしいから夏に出荷できるよ。」
「だから高く売れる、と！」
「ほかの産地と時期をずらすからね。」

高原野菜は促成栽培とちがっておそづくりだ。これを**抑制栽培**というのじゃ。【重要】

「長野県などの高地では、夏でもすずしい気候をいかし…」
「でも、大都市までは遠いわ。」
「高知県や宮崎県では冬でも温暖な気候をいかすんだね！」

「今は高速道路や飛行機を利用するので、大都市から遠くても出荷しやすくなったよ！」
「交通機関の発達も野菜づくりに役立っているのね！」

マメ知識

暖かい気候の地域で生産量が多い促成栽培の野菜には、高知県のピーマン・なす、宮崎県のピーマン・きゅうりなどがある。中央高地で生産量が多い抑制栽培の高原野菜には、長野県のレタス・はくさい、群馬県のキャベツなどがある。

参考

施設園芸農業と露地栽培…ビニールハウスなどを利用して野菜やくだものをつくる農業が施設園芸農業。施設を使わず、自然の気象条件下で栽培することを露地栽培という。

第2節：野菜とくだものづくり

2 くだものづくりがさかんな地域

くだものづくりは、その土地の気候や地形と密接に結びついている。ここでは、みかん、りんご、ぶどう、ももについて、どんな地域で生産がさかんなのか見ていこう。

マメ知識

みかんの仲間にいよかん、なつみかん、はっさくなどがある。このうち、いよかんは明治時代に山口県で発見され、愛媛県で栽培がさかんになった。いよかんの「いよ」とは、愛媛県の昔の国名である「伊予」のこと。

和歌山県のみかんづくり

「ずいぶん高いところまでみかん畑があるなぁ～」

「わぁ！」

「海がきれ～い!!」

「うんうん、あったかいねぇ～。」

「ここは冬でも暖かいから、みかんづくりに合っているのかしら…。」

「それに水はけがよくて太陽の光にめぐまれているからおいしいみかんができるんじゃ！」

「こうした山の斜面のみかん畑は、とくによく日が当たるよ。」

（みかん農家の人）

参考　和歌山県の気候…和歌山県は紀伊半島の南部にあり、太平洋側の気候。沖合を流れる黒潮（日本海流）の影響で、温暖。夏に南東の季節風がふき、降水量が多い。

第2章：日本の食料生産

マメ知識

みかんづくりに必要なのは、日がよく当たることと、暖かいことと…っと。

グラフを見てもみかんの生産地はみんな暖かい地域なのがわかるぞ。

みかんの生産量の割合（2011年）

| 和歌山 19.6% | 愛媛 16.2 | 静岡 13.8 | 熊本 9.7 | 佐賀 6.0 | その他 |

入試に出る！

青森県・津軽平野のりんごづくり

みかんと反対にすずしい気候に合っているくだものがりんごじゃよ。

津軽平野は水はけがよくて日本一のりんごの産地なのね。

ほい、こっちもグラフ！

りんごの生産量の割合（2011年）

| 青森 56.1% | 長野 21.3 | 岩手 6.4 | 山形 4.7 | 福島 4.0 | その他 |

入試に出る！

すずしい東北地方の県の割合が大きいね。

長野県も多いわ！高地の夏はすずしいからなのね！

りんごとみかんの産地は北と南にハッキリ分かれているじゃろ！

みかんの生産量が多い上位3県は、長い間愛媛県・和歌山県・静岡県の3県でしめられている。これらの県に続くのが、熊本県や佐賀県などの九州地方の県。みかんが暖かい地域に合った農作物であること がよくわかる。

参考 段々畑…山地や丘りょう地の斜面を切り開き、階段のようにつくった畑。とくに平地の少ない瀬戸内には多くの段々畑が見られる。

山梨県 甲府盆地

「甲府盆地は日本一のぶどうの産地です！いかがですか？」

「ぶどう祭りね。」

「どうして甲府盆地ではぶどうづくりがさかんなの？」

「前に学習した扇状地を思い出してみよう！」

「川が山地から平地に出るところにできる地形だね！」

「甲府盆地はこういう扇状地が広いんじゃ。」

「扇状地はつぶのあらい土砂が積もっているから、水はけがいいんじゃ。」

「じめじめしないところがくだものづくりに合ってるってことか。」

「それと、盆地の夏はとても高温になるからぶどうがあまくなるのよ。」

「ありがとう！」

マメ知識

農林水産省の基準では、くだものとはおもに、1年ごとにかれる草本性の植物になる実をいう。この基準で分類すると、バナナやパイナップルはくだものということになるが、いちごやすいか、メロンはくだものではなく、野菜に分類される。

参考

山梨県・長野県の気候…季節風の影響が少なく、1年を通して降水量が少ない中央高地の気候。また、冬の寒さが厳しく、夏・冬の気温差が大きい。

第2章：日本の食料生産

ぶどうの生産量の割合（2011年）

山梨	長野	山形	岡山	福岡	その他
24.5%	13.6	10.8	7.9	4.6	

（入試に出る！）

セリフ：
- 「だからホラ！」
- 「あっ！山梨県が日本一ね！」
- 「今度は春にいらっしゃい。このあたり一面、ももの花できれいよ。」
- 「えっ？もも？」
- 「山梨県はももづくりもさかんなの！？」
- 「山梨県が1位だわ！ぶどうで2位の長野県がここでも3位！」
- 「長野県も広い盆地があって、山梨県と気候が似てるみたいよ。」
- 「くだもの天国！！サイコウ！」

ももの生産量の割合（2011年）

山梨	福島	長野	和歌山	山形	その他
35.4%	20.7	12.2	7.5	6.1	

（入試に出る！）

その他のくだものの生産量の割合（2011年）

日本なし

千葉	茨城	栃木	福島	鳥取	その他
13.3%	9.6	8.0	7.5	7.3	

おうとう

山形	北海道	その他
76.5%	6.0	

かき

和歌山	奈良	福岡	岐阜	その他
22.7%	13.8	7.4	6.4	

もっとくわしく　その他のくだもの

日本なし、おうとうなど

日本なしは、長い間、鳥取県が日本一の生産量をあげていたが、現在は千葉県や茨城県の生産量が上回るようになっている。また、おうとう（さくらんぼ）は山形盆地を中心に栽培している山形県が日本一の生産地である。そのほか、かきは和歌山県や奈良県、びわは長崎県や千葉県の生産量が多い。

マメ知識

褐色で、表面が毛でおおわれているキウイフルーツは、ニュージーランド固有の鳥であるキウイに外見が似ていることから、この名がついたといわれている。キウイフルーツは日本国内でも生産されているが、輸入品はニュージーランド産のものがほとんどである。

参考

扇状地の土地利用…中央高地ではかつては養蚕がさかんで、扇状地では桑畑が多かったが、第二次世界大戦後はその多くが果樹園になった。

第2節：野菜とくだものづくり

❸ 野菜とくだものをめぐる動き

近年，日本では，くだものだけでなく野菜の輸入も増えている。その理由を見ていこう。また，輸入が増えたことが国内の農家にあたえる影響もおさえておこう。

> **マメ知識**
> 野菜の生産額が多い上位3道県は，北海道，茨城県，千葉県（2010年）。このうち茨城県と千葉県は近郊農業がさかんで，北海道では十勝平野を中心に，広大な耕地で冷涼な気候に合った野菜の生産がさかんである。

――――――――――

この前スーパーに行ったとき、外国産の野菜やくだものが多かったわ！

そりゃ～ほとんど外国でしかとれないものもあるからね～。
（バナナ、オレンジ、グレープフルーツ）

ソラちゃんそんなことも知らないの？

日本で多くとれる野菜でも、外国産のものがあったのよ!!
（中国産しいたけ、メキシコ産かぼちゃ）

ムキー

でも野菜は新鮮さが命よ！

まあまあ…。最近、野菜の輸入が増えているんじゃよ。
これこれ

なにもわざわざ外国から輸入しなくても…。

外国産のほうが日本産より値段が安いからのぅ～。

空の交通が発達して、新鮮なうちに運べるようになったしな。
（中国→日本）

――――――――――

重要用語 　**輸入の自由化**…輸入の量や品目などに制限を加えず，自由な輸入を認めること。日本は，外国からの要求により，さまざまな農産物で輸入の自由化を進めている。

第2章：日本の食料生産

マメ知識

わが国のくだものの輸入先のうち、バナナやパイナップル・キウイフルーツはニュージーランドが最も多い。その他の輸入先では、グレープフルーツやレモン・ライム、オレンジはアメリカが、アフリカ大陸南端の国である南アフリカ共和国も重要である。

いいじゃないか。安く買えるし…。外国の野菜でもくだものでも。

国内の農家の人たちにとっては、競争がはげしくなって大変じゃないの。

わたしたちにとっては、外国のオレンジやグレープフルーツがライバルだよ。

輸入品におされて日本の農作物が売れなくなったら困るわ〜。

以前は農家を守るために国がオレンジの輸入を制限していたんじゃが、今は輸入が**自由化**されるし、大変じゃろうのう。

いくらでも輸入できるようになったの？

いや、輸入が増え過ぎると**セーフガード**といって、**輸入制限**することができるんじゃ。

野菜やくだものはその年の気候によってとれ高が大きく変わることもなやみだよ。

あんまりとれすぎても値段が下がり、困ることもあるのう。

不作でも値段が上がってわたしたちが困るし…。

何でもほどほどにできたらいいのにね！

ぼくのテストの点みたいにね！

重要用語

セーフガード…特定の品物の輸入が増えすぎて、国内の生産者に大きな影響が出るおそれがある場合に、政府が行うことができる緊急輸入制限のこと。

要点整理と重要事項のまとめ ③

1.米づくりがさかんな地域

①米づくりがさかんな地域
- 日本でさかんな米づくり…高温多雨な気候に合っている。米は日本人の主食。
- 生産の多い都道府県…北海道や，新潟県・秋田県など。

②米づくりの仕事
- 米づくりの流れ…苗づくり→田おこし・しろかき→田植え→消毒→稲かり

③生産を高めるくふう
- 機械化…農作業にかかる時間が短くなり，生産性が向上。トラクター・田植え機・コンバインなどを利用。
- 耕地整理…入り組んだ田を大きな田に整えること。機械化しやすくなる。
- 品種改良…ちがう品種をかけ合わせてすぐれた性質の作物をつくりだすこと。
- 環境にやさしい農業…わらなどを使ったたい肥の利用，アイガモ農法など。

④米づくりをめぐる動き
- あまる米…食生活が変わり，米の生産量が消費量を上回るようになる。
- 米の生産調整（減反政策）…1969年ごろから生産をおさえる政策がとられるようになった。

2.野菜とくだものづくり

①野菜づくりがさかんな地域
- 近郊農業…大都市の近くで野菜などをつくる。早く安く輸送でき，有利。
- 促成栽培…ビニールハウスなどで野菜などの生育を早め，他の産地より早く出荷する→高知平野や宮崎平野など。
- 抑制栽培…高地で，夏のすずしい気候を利用してレタス・はくさいなどの高原野菜を栽培→野辺山原など。

②くだものづくりがさかんな地域
- みかん…温暖な地域→和歌山県・愛媛県・静岡県など。
- りんご…すずしい地域→青森県が日本一の生産地。東北地方の各県で多い。
- ぶどう・もも…山梨県が日本一の生産地。水はけのよい扇状地が中心。

③野菜とくだものをめぐる動き
- 輸入の増加…外国産のほうが国産よりも値段が安く，空の交通の発達で新鮮なまま運べるようになったため。
- 問題点…国内の農家にとっては，競争がはげしくなって大変。

重要事項の一問一答 ❸

❶ 米づくりがさかんな地域

（▼答え記入らん）

① 北海道や東北地方の県とともに全国有数の米の生産量をほこる北陸地方の県はどこですか。

② 生産の能率を上げるために，トラクターやコンバインなどを導入することを何といいますか。

③ 入り組んだ小さな田を大きな田に整えることを何といいますか。

④ いろいろな品種をかけ合わせて，よりすぐれた品種をつくることを何といいますか。

⑤ ふんにょうやもみがら，わらなどでつくった，環境にやさしい肥料を何といいますか。

❷ 野菜とくだものづくり

（▼答え記入らん）

① 大都市の周辺で，大都市に出荷するための野菜などをつくる農業を何といいますか。

② ビニールハウスなどを使って野菜の生育を早め，早い時期に出荷する方法を何といいますか。

③ 高知県や宮崎県では，どのような気候を利用して②がさかんですか。

④ 野辺山原などで夏のすずしい気候をいかして高原野菜をおそくつくる方法を何といいますか。

⑤ 和歌山県，愛媛県，静岡県など暖かい気候の地域で生産量が多いくだものは何ですか。

⑥ 東北地方や長野県など，すずしい気候の地域で生産量が多いくだものは何ですか。

⑦ りんごの生産量が日本一の県はどこですか。

⑧ ぶどうとももの生産量が日本一の県はどこですか。

答え ❶ ①新潟県　②機械化　③耕地整理　④品種改良　⑤たい肥　❷ ①近郊農業　②促成栽培
③（例）冬でも温暖な気候　④抑制栽培　⑤みかん　⑥りんご　⑦青森県　⑧山梨県

第3節：工芸作物と畜産

❶ 工芸作物の生産

畑では，茶などのように加工して利用するための工芸作物も栽培されている。どんな工芸作物がどんな気候・地形のところで栽培されているのか，見ていこう。

マメ知識

江戸時代，農家では，米以外に，売ってお金を得るための工芸（商品）作物の生産がさかんになった。綿織物の原料である綿花，油をとる菜種，染料になる藍や紅花などが土地に合わせてつくられた。藩の重要な収入源として，藩がさかんに栽培をすすめた作物も多い。

日本一のお茶の産地・静岡県牧ノ原

静岡県の茶畑（牧ノ原） （ピクスタ）

「茶つみは、4〜5月ごろからいそがしくなるよ。」

「この茶の葉を蒸したあと、もみながらかんそうさせるんだ。」

茶の生産がさかんな府県

【重要】

「暖かくて比かく的雨の多い地域。これがお茶の栽培に適したところじゃよ。」

「太平洋側が多い！」

「太平洋側は夏の降水量が多かったんだよね！」

重要用語　い草…くきがたたみ表やむしろなどの材料になる作物。おもに水田の裏作（稲を収かくしたあとに植える）として栽培される。熊本県の八代平野が栽培の中心地。

第2章：日本の食料生産

マメ知識

さとうきびの糖分は、発酵させるとエタノールというアルコールの一種が得られる。これは燃料（バイオ燃料）として利用でき、石油に代わる燃料の1つとして注目されている。日本では、2007年4月から、バイオエタノールをふくんだバイオガソリンの販売が始まった。

茶のように加工して使用したり、工業製品の原料にしたりするための作物を**工芸作物**という！

ほかにもこういう工芸作物があるぞ。

- さとうきび → 砂糖
- てんさい → 砂糖
- い草 → たたみ表
- こんにゃくいも → こんにゃく

てんさいっていう作物も砂糖の原料になるのね！

おもな工芸作物の生産割合
（2011年、てんさいは2012年）

てんさい：総計 375万8000t、北海道 100%

い草：総計 9640t、熊本 98%、福岡 2（主産県のみ）

さとうきび：総計 100万t、沖縄 54%、鹿児島 46%

入試に出る！

3つとも生産のさかんな地域がハッキリしとるんじゃ。

工芸作物は気候や土地の特色と強く結びついているから、各地の特産物になっているものが多いんじゃ。

- てんさい → 寒い地域
- さとうきび → 暑い地域

この天才が生まれたのは寒い地域でも暑い地域でもないのだ…。

東京都出身

フシギだな〜

勝手に言ってれば。

重要用語

てんさい…根をしぼって砂糖をとる作物。しぼりかすや葉・くきは家畜の飼料にもなる。さとうだいこん、ビートともいう。

第3節：工芸作物と畜産

❷ 畜産がさかんな地域

牛やぶた，にわとりなどを飼って牛乳や肉，卵などを生産する農業が畜産。それぞれの家畜の飼育がさかんな都道府県をおさえておこう。

マメ知識

日本では，7世紀に，中国からの渡来人が朝廷に牛乳を献上したという記録がある。このころから，現在のヨーグルトやチーズにあたる酪製品もつくられるようになったが，当時，これらは食用というより薬として用いられた。

乳牛の飼育頭数の割合（2012年）
- 全国計 145万頭
- 北海道 56.7%
- 栃木 3.7
- 岩手 3.2
- 熊本 3.1
- 群馬 2.7
- その他

ここ何日か博士見ないね。
どうしたのかしら…。

コトッ…

手紙だ！
こんな紙もあったわ！

ちょっと旅に出る…。畜産のさかんな地域を調査してまとめておくように…。

乳牛って牛乳をとるための牛だよね。

乳牛を飼育して牛乳やバター，チーズなどをつくる畜産を**酪農**というそうよ。

モォォォ…

牛といえば北海道…。
よし！北海道へ飛ぶぜ！！

ヘンシン‼

あっ、ホントだ…
チーズの箱のウラに北海道にある会社の名前がかいてある…。

重要用語

乳牛…牛乳などの乳製品を生産するための牛。代表的な品種はすずしい地域で飼われるホルスタイン種だが，中国山地などでは暑さに強いジャージー種が飼われている。

第2章：日本の食料生産

マメ知識
日本では畜産の中心は牛やぶたどが、世界では羊も重要な家畜である。羊は、毛をとるほか、食肉としても重要。飼育頭数は、中国・インド・オーストラリアが世界の上位。乳は、とくにかんそう地域で暮らす人々にとって重要な食料になる。

北海道 根釧台地
ひろーい
なるほど。えさの牧草がたくさんいるので、広い土地が必要なんですね。

根釧台地の牧場　（ピクスタ）

岩手県 北上高地
ここも広い牧場だ…。

千葉県の牧場
ほう！東京都などの大都市に近い千葉県は、新鮮な牛乳を早く運べるので有利なんですね。

調査結果をまとめたぜ…。

ピラッ
・乳牛の飼育は、牧草を栽培する広い土地があるところでさかん。
・大都市が近くにある関東地方は新鮮な牛乳を早く運べるのでさかん。

まだまだっ！そんなレポートではあまいっ！！

むっ？

こっちは朝から大いそがしなんだ！働いてみてから書き直し！

牧場はたくさんの牛を飼って、規模を大きくしないと経営が難しいから、いそがしいんだよ。

シャー

重要用語
酪農…乳牛を飼って牛乳やバター・チーズなどをつくる農業。牧草は気温が低くても育つので、いっぱんにすずしい地域でさかんで、大都市に近い地域でも行われる。

マメ知識

ぶたは、いのししを家畜に改良した動物。1頭の母ぶたは、多いもので1回に20頭も子どもを産む。また成長が早いのも特色で、生まれてから半年で体重が80倍ほどになる。

肉牛の飼育頭数の割合（2012年）

- 全国計 272万頭
- 北海道 19.6%
- 鹿児島 13.0
- 宮崎 9.2
- 熊本 5.2
- 岩手 3.9
- その他

熊本県の赤牛（褐毛[あかげ]和種）

鹿児島県の黒牛（黒毛和種）

両方とも九州の自まんの**肉牛**だよ。

肉牛は北海道や九州地方の県で飼育がさかんだな。

シラス台地の分布

（鹿児島県資料）

宮崎県南部にもシラス台地が広がっているのね！ だから肉牛の飼育がさかんなのね！

鹿児島県では広い台地で放牧

ここは**シラス**という火山灰土の積もった台地で牧草がよく育つよ。

重要

熊本県では阿蘇山山ろくで放牧

牛1頭で1〜2ヘクタールの広い牧草地が必要なんだ。夏は山で放牧して、冬は牛舎で飼うよ。

肉牛も広い土地のあるところで飼育されているんだな…。

重要用語

シラス台地…九州地方の鹿児島県から宮崎県南部にかけて広がっている火山灰土の台地。水もちが悪く、稲作には適さないので、畑作や畜産が中心である。

第2章：日本の食料生産

マメ知識

鹿児島の黒ぶたはおいしくて有名だよ！

鹿児島県や宮崎県はぶたの飼育もさかんなのね！

関東地方の県でもさかんよ！

ぶたの飼育頭数の割合（2012年）

全国計 974万頭
- 鹿児島 14.0%
- 宮崎 9.1
- 千葉 6.8
- 群馬 6.5
- 北海道 6.1
- その他

以上の調査結果をまとめてみたぜ！ど〜だ！！

畜産のさかんな県
- 乳牛＝北海道、岩手県や関東地方の県
- 肉牛＝北海道、九州地方の県
- ぶた＝鹿児島県や宮崎県、関東地方の県

入試に出る！

お〜、ごくろう！なかなかよくできとるの〜！博士！

ほんじゃ味のレポートはわしにおまかせ。

ギャフ〜！！

日本では、各地ですぐれた品質の肉牛が飼育されているが、なかでも良質な牛の産地として知られるのが兵庫県北部の但馬地方。高級な牛肉として知られる三重県の松阪牛も、但馬地方の子牛から育てた牛である。

もっとくわしく　にわとりの飼育

鹿児島県などでさかん

にわとりには、食肉用の肉用若鶏と、卵をとるための採卵鶏とがある。肉用若鶏は、とくに鹿児島県・宮崎県で飼育がさかんで、企業による大規模な生産が行われている。採卵鶏の飼育は、新鮮な卵を大消費地に早く輸送できる利点をいかし、茨城県や千葉県、愛知県など大都市近郊でもさかんだ。

肉用若鶏と採卵鶏の飼育数

肉用若鶏（万羽）(2009年)		採卵鶏（万羽）(2012年)	
鹿児島	1,921	茨城	1,253
宮崎	1,839	千葉	1,190
岩手	1,541	鹿児島	997
青森	611	愛知	993
徳島	447	広島	878
全国	10,714	全国	17,495

（注）肉用若鶏は、ふ化後3か月未満の肉用にわとり。以前はブロイラーと呼んでいた。

参考

阿蘇山…九州地方の熊本県にある火山。カルデラ（噴火後に落ちこんでできたくぼ地）の大きさは世界最大級。草千里と呼ばれる平原などで牛や馬の放牧がさかん。

第3節：工芸作物と畜産

❸ 畜産をめぐる動き

近年，日本では肉類の輸入が増えている。また，日本をふくむ世界各地で牛やにわとりの病気が発生している。これらの畜産をめぐる現状について見ていこう。

> マメ知識
> 日本の牛肉の輸入量は世界でもトップクラス。世界の中で輸出量がとくに多い国は，オーストラリアとブラジル。オーストラリアの牛肉はオージービーフと呼ばれ，日本でも輸入が多い。

―…食の安全のためにはやむをえんな…。

？

スーパーの肉売場…売り上げにひびくなぁ～。

牛どん屋さん…アメリカの牛肉が食べられなくなるの？

どうして輸入を禁止したの!?

BSE（牛海綿状脳症）という牛の病気が発生したためなんじゃ。

重要

日本は牛肉の消費量の半分以上を輸入しているからな。

輸入が禁止されたら困る人がたくさんいるわよねぇ。

※2006年7月，条件つきで輸入が再開された。

重要用語 BSE（牛海綿状脳症）…脳の組織がおかされ，全身がまひして死んでしまう牛の病気。日本でも，2001年に初めて感染牛が確認された。

第2章：日本の食料生産

マメ知識

日本にも牛はいっぱいいるじゃない。

そうよね。どうしてわざわざ輸入するのかしら？

北海道とか鹿児島とか

アメリカやオーストラリアでは、規模の大きな畜産をしているから、多くの牛肉を安く生産できるんじゃ。

だからかー。

外国の牛肉と競争しなければ…。

って畜産農家の人、言ってたな。

日本の農家ももっと牛をたくさん飼って規模を大きくしたり、ブランド牛を育てたりしないと、利益があがらないんですって。

日本の畜産は外国との関係が重要なんじゃ。肉だけでなく家畜の飼料も輸入にたよっとる。

病気といえば、鳥にも病気が広がったよね。

鳥インフルエンザじゃな！

→鳥インフルエンザに感染して、処分されたニワトリ

ぞくぞく牛肉・とり肉 処分症？

牛や鳥の健康を大事にしないとこっちの健康にもかかわってくるよ。

なんなんじゃ…。

ぐー

家畜などで、親とまったく同じ性質をもった子をつくる技術をクローン技術という。この技術によって、良質な肉をもつ牛やよく乳を出す牛などをたくさんつくりだすことができる。すでにクローン羊やクローン牛が誕生しているが、さまざまな問題点もある。

重要用語 **鳥インフルエンザ**…にわとりを中心とした鳥がかかる病気。毒性が強いウイルスの場合は、感染力が強く、感染したにわとりはほとんどが死んでしまう。

第4節：水産業をめぐる動き

① 水産業がさかんな日本

日本は、近海によい漁場があり、水産業がさかんである。どんなところがよい漁場になっているかを理解しておこう。また、水あげ量の多い漁港もおさえておこう。

おもな国の肉と魚の消費量（1人1日あたり）
（2009年、日本は2011年度）

国	肉 (g)	魚 (g)
日本	123	141
アメリカ	332	66
ドイツ	245	42
オーストラリア	325	66

魚市場

わぁ、日本人はたくさん魚を食べているのね。

海に囲まれているから魚なたくさんとれるんだよ。

日本の近海は豊かな漁場で、**世界の三大漁場**の1つになっているんじゃ。

200mくらい　大陸だな　日本の陸地

おうっ！そうだよ！陸地の周りには**大陸だな**が広がり、魚が集まるからね！

なかでも、太平洋側の**三陸海岸沖**はとくによい漁場なんだ！

【重要】

【参考】**世界の三大漁場**…いっぱんに、日本近海をふくむ太平洋北西部、アメリカの大西洋北部、ヨーロッパの北海、大西洋北東部をさす。いずれも潮目がある。

【マメ知識】日本の漁かく量は1990年ごろまでは世界のトップクラスにあり、輸出もさかんだった。しかしその後、漁かく量の世界における地位は下がり、現在は、中国やペルーなどよりも少なくなっている。

第2章：日本の食料生産

日本周辺の海流と潮目

三陸海岸の沖合には潮目といって、暖流の黒潮と寒流の親潮がぶつかるところがあるんじゃ。

ここに魚のえさになるプランクトンがたくさん集まる！

そして、それを食べる魚も集まるというわけだね。

大陸だなや潮目で魚はとり放題でしょ？食べ放題でいいね。

いや！！

その魚も、じつは外国から輸入したものかもしれないのじゃ。

水産業の仕事を体験してみよう。

マメ知識
魚のえさになるプランクトンとは、運動能力がほとんどない、水にただよっている小さな生物のこと。植物性と動物性とがある。人間の食料としても知られている動物性プランクトンには、おきあみ、さくらえび、しらす（いわしの稚魚）などがある。

もっとくわしく
大陸だな 水産・海底資源が豊富な

陸地の周りの海で、いっぱんに水深が200mくらいまでの傾斜のゆるやかな海底地形を大陸だなという。太陽の光が海底まで届くので栄養分に富み、プランクトンが豊富でよい漁場になっている。また、海底油田のさいくつが行われているところも多く、海底資源の産出地としても重要である。日本近海では、とくに東シナ海やオホーツク海に広い大陸だながある。

海底の地形

0m — 海面
大陸だな
-5000
海溝
-10000

重要用語
潮目…寒流と暖流が出合うところ。潮境ともいう。栄養分が豊富でプランクトンが多く、寒流と暖流に乗ったさまざまな魚が集まる。とくに三陸海岸の沖合の潮目は好漁場。

マメ知識

1990年代まで、日本一の水あげ量をほこっていたのが、北海道の釧路港。北太平洋やオホーツク海などで行う遠洋漁業（北洋漁業）の最大の基地だった。しかし、遠洋漁業のおとろえとともに水あげ量は焼津港や銚子港を下回るようになった。

かつおの一本づり

黒潮に乗ったかつおを追って、北に進むぞ―!!

静岡県・焼津港

この港に水あげするぞー!!

北海道・釧路港

親潮に乗ったさんまはこの港に水あげだ。

さんまは**棒受けあみ**などの漁法でとるよ。

強い光でさんまをおびき寄せる。

八戸港や石巻港も水あげ量が多いんだな。

三陸海岸の沖はよい漁場になっているからな！水あげ量の多い漁港がたくさんあるぞ。

水あげ量の多いおもな漁港（2010年）　**重要**

（単位は万t、7万t以上の漁港のみ）
＊東日本大震災で大きな被害を受けたが、復興に力を注いでいる。

- 紋別 7.0
- 根室 7.5
- 釧路 11.8
- 気仙沼 10.4 ＊
- 石巻 12.9 ＊
- 銚子 21.4
- 焼津 21.5
- 八戸 11.5
- 境 12.9
- 長崎 7.2
- 松浦 8.8

重要用語

水あげ…海や川でとれた魚などを港に運びこむこと。水あげされた魚などは魚市場で売買されるほか、加工工場に運ばれ、さまざまな水産加工品になる。

第2章：日本の食料生産

マメ知識

東京都

ダイチくん　しっかりやってるかな？

九州地方でも水あげ量が多いぞ。九州の西の東シナ海も大陸だなが広いからのう。

水あげされた魚はすぐに魚市場でせりにかけられるんじゃ。

朝からいそがしいぞー！

ワイワイ

ダイチくんたちがつった魚、いつごろこっちにくるのかしら？

ソラちゃんちに魚が届くしくみはこうじゃよ！

漁船 → 漁 → 水あげ → 漁港 → せり → 産地の魚市場 → 保冷トラック → 消費地の魚市場 → せり → 小売店（魚屋など）→ 家庭

もっとくわしく　あみやつりばりを使った いろいろな漁法

まぐろはえなわ
幹なわに、つりばりのついた枝なわを付け、まぐろをとる。

底引きあみ
船であみを引き、海底近くにいる魚をとる。

まきあみ
魚の群れを大きなあみで取り囲み、たくさんの魚を一度にとる。

重要用語

せり…魚や野菜などの市場で、産物を売りたい人と買いたい人が値段をつけ合い、最も高い値段をつけた人に売られる方法。

かつおの一本づりは、えさを海中にまき、かつおが集まってきたところを、水をまいてかく乱させ、1匹ずつつり上げるごうかいなつり方。遠洋漁業での一本づりでは、1回につき、およそ50日間、漁をする。

第4節：水産業をめぐる動き

② 漁業の種類

とる漁業にはおもに，沿岸漁業，沖合漁業，遠洋漁業がある。それぞれの特色と漁かく量の変化をおさえておこう。また，「育てる漁業」の養殖（漁）業・栽培漁業についてもおさえよう。

ざぱーん

さて，そろそろ引きあげるか。

もう，港に帰るの？

もっと魚をとりたければ**遠洋漁業**に出るかい？

半年ぐらいは港に帰れないけどな。

えっ！？

漁業にはこのような種類があるんじゃ。種類があるんじゃ。ここにあげた漁業を**とる漁業**という。

沿岸漁業	近くの海で日帰りで漁をする。	小型の船
沖合漁業	日本の沖合で，数日がかりで漁をする。	中型の船
遠洋漁業	大型船で遠くの海へ出かけ，数十日〜数か月にわたって漁をする。	大型の船

参考 **漁かく量の多い魚**…沿岸漁業では，いか，いわしなど，遠洋漁業では，かつお，まぐろ，いかなどが多い。

マメ知識 魚かい類の水あげ量の多い港は太平洋側に多いが，日本海側で水あげ量の多い漁港に鳥取県の境港がある。この漁港の名は「境」で，市の名前が「境港」である。

第2章：日本の食料生産

マメ知識

日本の漁業種類別漁かく量の変化

万t
- 沖合漁業
- 遠洋漁業
- 沿岸漁業
- 養殖業（海面養殖業）

1970年 74 78 82 86 90 94 98 2002 06 10
（農林水産省資料）

遠洋漁業はカッコいいなぁ。

ああ、昔はさかんだったが、今はなぁ…。

遠洋漁業は1970年代半ばからおとろえてきたんだね…。

沖合漁業もだいぶ減っているわ…。

全体的に日本の漁かく量は減ってるのか…。

さあ、そんなときはどうすればいいかのぅ？

食べる量を減らすしかないのかな〜!!

今から食いだめー!

落ち着いてよ。

グラフでは**養殖（漁）業**の漁かく量が増えていたけど？

そー!!今はとる漁業より**育てる漁業**の時代なのじゃ〜!!

日本人に大人気の魚がまぐろ。しかし、近年はその数が減り、国際会議で漁かく量の制限が取り決められた。そこで、養殖まぐろが注目されている。まぐろは養殖が難しい魚だが、最近は日本で、卵から育てた親まぐろが産んだ卵を再び育てる完全養殖に成功している。

重要用語 **養殖（漁）業**…魚や貝、わかめなどを人工的な施設を利用して育て、大きくなってから出荷する漁業。とくに波の静かな湾などでさかん。

マメ知識

成長とともに呼び名が変わる魚を出世魚という。代表的なものに、ぶりやぼら、すずきなどがある。ぶりは、稚魚のときはもじゃこ、少し大きくなるといなだ、さらに、わらさとかはまちなどと呼ばれる。

養殖いけす

あ！魚がいっぱい！
ここは何をするところなの？

はまちの**養殖**をしているんだよ。

稚魚 → 稚魚から育てて大きくなってから出荷するんだよ。

最近は、各地で養殖（養）業などの**育てる漁業**に力を入れてるんじゃよ。
自然の海でとれる魚が減っているからね。

「とる漁業」の漁かく量は減っていたけど、養殖（養）業の漁かく量は増えていたもんね。

おもな養殖地と養殖物

● おもな養殖地
● おもな養殖物

サロマ湖 — ほたて貝
陸奥湾 — ほたて貝
＊三陸海岸
＊仙台湾
わかめ
かき
はまち
かき
のり
浜名湖
うなぎ
英虞湾
三河湾
広島湾
有明海
宇和海
真珠

＊東日本大震災で大きな被害を受けたが、復興に力を注いでいる。
（全国漁業協同組合連合会HPなど）

広島県のかきは有名ね。わたしも知ってる。

ほたて貝の養殖は北海道や青森県でさかんなんだね。

重要用語
栽培漁業…魚や貝などの卵を人工的にかえし、稚魚・稚貝になるまで育ててから海や川に放流し、大きくなってからとる漁業。

第2章：日本の食料生産

マメ知識

真珠は、貝類の貝がらの中にできる玉のこと。志摩半島の英虞湾は、1893（明治26）年、あこやがい（真珠貝）を使った真珠の養殖に日本で初めて成功した。このときから、真珠の養殖の中心地として有名になった。

「育てる漁業」のなかには稚魚（稚貝）まで育ててから海に放し、海で大きくなってからとる漁業もある。

栽培漁業といういうんじゃよ。

栽培漁業のしくみ

- 卵をかえす
- いけすなどで育てる
- 稚魚・稚貝を放流する
- 成長した魚・貝をとる

【重要】

こっちは海や川に放流して育てるんだね！

人間がだいじに育てていけば魚も増えていくわね、きっと！

でも、養殖のえさ代は高いし、海のよごれが原因で発生する**赤潮**もなやみの1つじゃよ。

赤潮が発生すると魚がちっ息して死んでしまうんだ。

うわ〜っ！！そんなのダメ！！海をきれいにしなきゃ！！

ありがたいけど、さわがしくて困るなぁ…。

（赤潮）

もっとくわしく

魚の牧場　海洋牧場

「育てる漁業」の1つに、海洋牧場がある。これは、牛の牧場と同じように、自然の中で魚を育てる漁業である。海の中に人工魚しょうという魚のすみかを設けたり、音で魚を集めて自動的にえさをやるロボットを利用したりしている。進んだ技術をいかして水産資源を増やす取り組みである。

海洋牧場

- 栽培漁業センター
- 水産加工工場
- 沖合養殖場
- えさをまくロボット
- 魚群探知機
- 光を海底に送り海藻を育てる
- 人工魚しょう

重要用語　**赤潮**…プランクトンが大量に発生し、海や湖の水が赤くそまって見える現象。沿岸部からの工場排水や生活排水によって水がよごれることが原因。

第4節：水産業をめぐる動き

③ 水産業をめぐる動き

近年，日本では漁かく量が減り，水産物の輸入が大きく増えている。その理由を考えてみよう。とくに，各国が200海里の経済水域を設定した影響は重要である。

マメ知識

海岸に沿って見られる林のなかで，魚を育てる役割をしている林を「魚つき林」という。この林からは，栄養分が海に流れこむとともに，さまざまな植物の葉やこん虫が海に落ちて魚のえさになる。このため，多くの魚が集まる。

- 日本の漁かく量はずいぶん減っていたけど，どうしてかな？
- やっぱり魚をとりすぎて，少なくなったからかしら？
- それもある。
- じゃがほかにも，各国で，少なくなった水産資源を守ろうとする動きが強くなったことも関係しているんじゃよ。
- 前に学習した**経済水域**って，覚えているかな？
- 領海の外側で沿岸から200海里内の水域だよね。
- そこではよその国が勝手に魚や貝などをとってはいけないのよね。
- そう！1970年代から自分の国の貴重な資源を守るために，各国がこの水域を設けるようになったんじゃ。

重要用語

経済水域…沿岸から200海里（約370km）内で領海を除く水域。この範囲内の水産資源や海底資源は沿岸国に権利があるとされ，他国は勝手に漁業などはできない。

第2章：日本の食料生産

マメ知識

水産物のうち、とくに輸入量が多いのがえびとまぐろで、さけやかになども多い。えびはベトナムやインドネシア、タイなど東南アジアの国々からの輸入が多い。

水産物の輸出入量の変化

1990年代半ばまで輸入がすごく増えている！

重要

遠くの漁場で漁をする遠洋漁業がおとろえたのも、その影響なのね…。

で、ぼくたちの食べる魚は足りなくなっているの！？

日本の水産物の輸入量は世界一なんじゃ！

えびやまぐろなど、値段の高いものの輸入が多いよ。

ようこそ日本へ！

みーんな、おいしく食べてあげるからね！！

食べすぎじゃ〜！！

もっとくわしく

魚を育てる森林

近年、海の魚を増やすため、山で植林活動を進めている地域がある。豊かな森林がある山では、落ち葉が積もって栄養分に富んだ土がつくられ、その栄養分をふくんだ雨水が川に流れこむ。川の栄養豊かな水は、やがて海に流れこみ魚のえさになるプランクトンを育てる。このプランクトンを求めてたくさんの魚が集まる。

森林と海との関係

森林 / 栄養分 / 腐葉土 / 田畑 / 川 / 栄養分 / 海 / プランクトン

参考

水産物の加工…すり身をかまぼこやちくわなどのねり製品にしたり、かんづめなどにしたりする。また、家畜の飼料や肥料にも利用される。

第5節：日本の食料事情

① 日本の食料生産の変化

外国と比べた日本の農業の特色や、農業や水産業で働く人々の変化について見ていこう。また、食料の自給率が下がっていることを、その理由とともにおさえておこう。

自給率を上げるには？

わ！広い！ここどこ!?

ぼくのうちの農場さ。大型機械を使って小麦を大量生産しているんだ！

日本の農業はどんな特色があるの？

アメリカの広大な小麦畑　(ピクスタ)

1ヘクタールあたりの穀物収かく量（2012年）

	kg
日本	約5000
アメリカ	約6000
オーストラリア	約2300

（国連資料）

日本はずいぶんたくさんの人が働いているんだネ。

でも1ヘクタールあたりの収かく量はアメリカとほぼ同じだよ。

耕地100ヘクタールあたりの農業従事者数（2010年）

日本　約31人
アメリカ　約2人
オーストラリア　約1人

日本の農業は、人手や肥料などをたくさん使い、限られた耕地から多くの収かく量をあげていることが特色じゃよ。

マメ知識

販売農家のうち、年間60日以上農業をした65歳未満の人がいる農家は主業農家と準主業農家、準主業農家は、農業以外の収入が中心の農家。主業農家は農業の収入が中心で、それ以外の農家は副業的農家と呼ばれる。

参考　集約的農業…日本のように、多くの人手や肥料を使うほか、機械やビニールハウスなどの施設を利用するなどして、単位面積あたりの収かく量を高める農業をいう。

第2章：日本の食料生産

マメ知識

高齢化する農業の働き手（販売農家）

年	総数	65歳未満	65歳以上
1990年	482万人	66.9%	33.1%
2000年	389万人	52.9%	47.1%
2012年	251万人	39.7%	60.3%

（農林水産省資料）

麦には、小麦や大麦、はだか麦などがある。小麦はパンやうどんなどの原料になり、大麦はビールの原料や家畜の飼料になる。小麦の生産量は、北海道が全国の半分以上をしめている。

（マンガ部分）

ぼくんちは広いけど。
せまい耕地を有効利用しているんだネ！

日本は最近、農業で働く人は少なくなってるのよね。
そうじゃ…。若い人が減ってのう。
あっ！じいちゃん！

わしらのあとをついでくれる人が少なくなった…。
わしら水産業も同じですよ。困ったもんです。

日本では農業や水産業など食料生産に従事する人が少なくなっている。
とくに若者がな…。
うちも高齢化が進んでるんじゃ！
うちもついで！
いっぺんはムリ～！！
どうにかならんかな

もっとくわしく

農家の分類

農家もいくつかに分かれる

近年、農家は、経営する耕地面積と販売金の規模によって、販売農家と自給的農家に分けられている。自給的農家は、おもに自分の家で消費するために農作物を生産する小規模な農家である。販売農家は、これまでのような専業農家・兼業農家という分け方以外に、収入と働き手のちがいから、主業農家、準主業農家、副業的農家に分けられる。

農家の分類とその変化

年	合計（万戸）
1990年	384
1995年	344
2000年	312
2005年	285
2010年	253

（販売農家：主業農家／準主業農家／副業的農家、自給的農家）

参考

産業別人口…第一次産業（農業・林業・水産業）で働く人々は年々減少し、2012年の割合は4％ほどで、第三次産業（商業・サービス業など）が全体の70％をこえる。

82

マメ知識

日本の食料全体の自給率は約40％。世界の先進国のうち、アメリカは、くだもの・野菜などを除くほとんどの食料は自給率が100％をこえている。つまり、国内で必要な量より多く生産されているということで、その分は輸出される。ヨーロッパではフランスの自給率がとくに高い。

（1コマ目）
何？この数字。

- ごはん（米）97％
- みそ汁（大豆）6％
- 野菜81％
- 肉類56％
- パン（小麦）9％

（2コマ目）
必要な量のうち、国内で生産した量の割合。つまり食料自給率のことじゃよ。

えー!! 大豆はほとんど輸入されているの!?

（3コマ目）
大豆ってしょうゆやとうふの原料だし、家畜の飼料にもなる大切な作物よ！

小麦もパンやうどんの原料だよ!!

ほとんど外国からきてるとは…

（4コマ目）
日本は世界の先進国のなかでも、食料自給率がとても低い国なんじゃ。

いつから低くなったの？

（5コマ目）
以前は国内の農家を保護するために牛肉やオレンジの輸入を制限していたんじゃが。

その後、外国との話し合いで**輸入の自由化**を進めるようになったのじゃ。

肉類とくだものがとくに下がっている！

ストップ！肉の輸入

日本の食料自給率の変化【重要】

グラフ（1970年度～2010年、％）：
- 米：約100％前後で推移
- 野菜：約100％から80％程度へ低下
- 肉類：約80％から50％台へ低下
- くだもの：約80％から40％程度へ低下
- 大豆・小麦：低水準で推移

（農林水産省資料）

重要用語
自給率…国内で消費した量のうち、国内で生産された量の割合。自給率が40％ということは、国内では、必要な量の40％しか生産できていないということ。

第2章：日本の食料生産

マメ知識

前に学習したけど、外国産の肉や野菜って安いものが多いのよね！

それに、日本人の食生活が和食中心から変わって、肉やくだものをたくさん食べるようになった…。

だから、国内生産では足りなくなってきたんじゃ。

それで輸入が増えたのか…。

でも、輸入にたよっててだいじょうぶ？

アメリカ産の牛肉の輸入がストップして困ったこともあったし…、

たよりすぎはよくないよな！

…では、以上のことをまとめてみるこ と！

まかせた！！

たよるなって言ったじゃない！！

新食糧法が1995年に施行される以前は、米は、政府がいったん買い上げてから販売されることになっていて、米の価格も政府が決めていた。このようなしくみを食糧管理制度という。

もっとくわしく

米の輸入

日本では、以前は、主食である米をつくる稲作農家を保護するために、米の輸入を制限してきた。しかし、世界で貿易の自由化が進むにつれて、日本に対して輸入制限を取り除くよう要求する外国の声が強くなった。そのためわが国では、1995年から一定量の米の輸入を始めることになり、さらに1999年からは輸入量の制限も取り除くことになった。

日本の米の輸入相手国（2012年）

輸入量 63.0万t
- アメリカ 45.5%
- タイ 33.2
- オーストラリア 9.1
- 中国 7.7
- ベトナム 4.4
- その他

参考

家畜の飼料…飼料には、とうもろこしや大豆かす、魚粉などが使われる。これらの飼料のわが国の自給率は25％程度で、とても低い。

第5節：日本の食料事情

② 食料生産の今

近年，たい肥を使うなど，環境にやさしい食料生産に取り組んでいることをおさえよう。また，バイオテクノロジーを利用した食料生産についても見てみよう。

マメ知識

遺伝子（生物の形や性質を決めるもの）を操作した遺伝子組みかえ作物に，大豆やとうもろこしなどがある。人体に影響がないかどうか議論があり，遺伝子組みかえ作物を使った食品は，そのことを表示しなくてはいけないことになっている。

今日は，じいちゃんばあちゃんを招待してお食事会！

近ごろはこうして外国の料理がいつでも食べられるし…，食生活が豊かになったテ。

しかし，食料生産にはまだまだ問題があるね。

食料自給率を上げることとかね！

じいちゃんちでも化学肥料を使わずに，たい肥を使ってたよね！

自然環境や人の健康に配りょすることも大切じゃな。

それを**有機農業**というんだテ。

アイガモ農法もその1つよね。

重要用語 **有機農業**…たい肥を使うなど，自然のはたらきを重視した農業。一定期間，化学肥料や農薬を使わずにつくられた農作物は有機農作物として国に認められている。

第2章：日本の食料生産

（マンガ部分）

わたし、おいしくて品質のよいものをたくさん食べたいわ。

わしのところでも**品種改良**されて味のよい米をつくってる。

奥羽292号 + コシヒカリ = あきたこまち

新しい品種！

最近は進んだ科学技術で遺伝子を操作して、すぐれた品種をつくる試みも進んでいるしな。

バイオテクノロジーだね！

消費者も、買うときは安全で品質のよいものを選ぶようにしたいものじゃな。

わたし、商品の情報をよく見て買うようにしてるわ！

原材料 ○○○
製造者 ○○○
賞味期限 ○月○日

おお！わしらの米が買われてるぞ！！

じいちゃんたちの努力が実ったね！

マメ知識

家庭などから出る食品などの生ごみは、リサイクルによって、たい肥や家畜の飼料にすることができ、近年、取り組みがさかんになっている。家庭でも、専用の容器や処理機を使ってたい肥をつくることができる。

もっとくわしく　食品のりれき書

トレーサビリティ・システム

農作物などが生産者から消費者にわたるまでの足どりを明らかにするしくみをトレーサビリティ・システムという。安全な食料品管理のためのしくみである。食料品には、ごく小さな記憶装置が付けられ、生産者や生産方法、出荷日などが記録される。消費者は、小売店や自宅のパソコンなどで、その情報を確認することができる。

トレーサビリティ・システムの例

生産者：生産情報を記録する
→ おろし売業者など：仕入れ日などを記録
→ 小売店：情報の記録された食品が並ぶ
→ 消費者：情報を確認

重要用語

バイオテクノロジー…生物の働きや機能を、生活に役立てるための技術。植物や動物の遺伝子を操作して、新しい品種をつくる技術などが代表例。

3. 工芸作物と畜産

①工芸作物の生産
- 茶…静岡県牧ノ原が日本一の生産地。
- その他の工芸作物…さとうきび→沖縄県・鹿児島県，てんさい→北海道。

②畜産がさかんな地域
- 酪農…乳牛を飼い，牛乳やバター，チーズを生産する。
- 乳牛の飼育…北海道の根釧台地や岩手県の北上高地などでさかん。

- 肉牛の飼育…北海道や鹿児島県・宮崎県の台地を中心に飼育。
- ぶたの飼育…鹿児島県・宮崎県や関東地方で飼育がさかん。

③畜産をめぐる動き
- 畜産の問題点…肉類の輸入が増加。BSEや鳥インフルエンザなどの家畜の病気が問題。

4. 水産業をめぐる動き

①水産業がさかんな日本
- 豊かな漁場…広い大陸だなや，寒流と暖流の出合う潮目がある。
- 水あげ量の多いおもな漁港…焼津，石巻，銚子，境，八戸，釧路など。

②漁業の種類
- とる漁業の種類…沿岸漁業，沖合漁業，遠洋漁業。

- 養殖(漁)業…人工的な施設で魚などを育ててからとる。
- 栽培漁業…育てたあと海などに放流し，成長してからとる。

③水産業をめぐる動き
- 漁かく量が減少…200海里の経済水域の設定で遠洋漁業に打撃。沖合漁業も減少→近年，輸入が増加。

5. 日本の食料事情

①日本の食料生産の変化
- 働く人の変化…農業や水産業に従事する人が減少，高齢化が進む。
- 低い自給率…とくに小麦・大豆が低い。

②食料生産の今
- 有機農業…化学肥料を使わずたい肥を利用するなど，自然のはたらきを重視。
- バイオテクノロジー…遺伝子組みかえ作物の開発など。

重要事項の一問一答 ❹

❸ 工芸作物と畜産

（▼答え記入らん）

① 静岡県で日本一の生産量をあげている工芸作物は何ですか。

② 乳牛を飼い、牛乳やバター、チーズなどを生産する農業を何といいますか。

③ 北海道とともに肉牛の飼育がとくにさかんな九州地方の県はどこですか。

④ BSEという病気が問題になっている家畜は何ですか。

❹ 水産業をめぐる動き

（▼答え記入らん）

① 陸地の周りに広がる、深さが200mくらいまでの浅い海底地形を何といいますか。

② 近くの海で日帰りで漁をする漁業を何といいますか。

③ 各国が200海里の経済水域を設けるようになって、とくに漁かく量が減った漁業は何ですか。

④ 人工的な施設で稚魚や稚貝などを育て、大きくなってから出荷する漁業を何といいますか。

⑤ 魚などを卵から稚魚まで育てて海などに放流し、成長してからとる漁業を何といいますか。

❺ 日本の食料事情

（▼答え記入らん）

① パンの原料で、日本の自給率がとくに低い農作物は何ですか。

② 化学肥料や農薬を使わず、自然の材料でできたたい肥などを使う農業を何といいますか。

③ 生物のもつ働きや機能を、生活に役立てるための技術を何といいますか。

答え ❸ ①茶　②酪農　③鹿児島県　④牛　❹ ①大陸だな　②沿岸漁業　③遠洋漁業　④養殖（漁）業　⑤栽培漁業　❺ ①小麦　②有機農業　③バイオテクノロジー（バイオ技術，生物工学，生命工学）

第3章 日本の工業

日本は工業のさかんな国！工業の種類や発達している地域などについて見ていこう。

第1節：さまざまな工業

1 工業の仕事

工業は，大きく金属工業，機械工業，化学工業の重化学工業と，食料品工業，せんい工業，よう業，パルプ・製紙工業などの軽工業に分けられる。

あっ！ワカちゃん。新車だね。

ぼく、自動車、大好きさっ！

ねえ、自動車って、どうやってつくっているの？

プラモデルをつくるときと同じかな？

わっはっはっ、自動車のつくり方ならぼくにまかせたまえ。

ベンケー先生‼こんにちはっ。

重要用語 **工業**…自然から得られる原料に，人の力や機械の力を加えることによって製品を生産する産業。

第3章：日本の工業

自動車は、日本の代表的な工業製品なんだ。

ソノトオリダ

工業製品ってたくさんあるのよね。なんだか難しそう…。

じゃあ、わかりやすく工業の種類で大きく2つに分けてみよう。

そこでこれが役に立つ。

ミルミルスクリーン！

マメ知識
日本の工業は、貿易と密接に結びついている。日本は資源がとぼしいため、工業原料の大部分を外国から輸入し、国内で製品に加工して外国へ輸出すること（加工貿易→131ページ）によって発展してきた。

まず、これらが**重化学工業**でつくられるものだ。

機械工業：自動車、船、コンピュータ、テレビ、カメラ、モーター、時計

金属工業：鉄鋼、アルミニウム

化学工業：化学肥料、化学せんい、合成洗剤、プラスチック

金属製品や機械、石油製品など、比かく的重いもの。【重要】

わっ！！出たっ。ベンケー先生の七つ道具だ。

見た目のわりに、すごい道具を持ってるね。

そして、これらは**軽工業**でつくられる。【重要】

せんい工業：衣服・タオル、糸、織物

食料品工業：肉製品、乳製品、パン

その他の工業：陶磁器、印刷物、パルプ・紙

身の回りで使う、比かく的軽い製品が多い。

では、ドコデモワープでそれぞれの工業を調べにいこう!!

ヒュイィィ

参考　**重化学工業と軽工業の割合**…それぞれの出荷額を比べてみると、1935年は約50％ずつだったが、2012年では重化学工業が約70％、軽工業は約30％となっている。

第1節：さまざまな工業

2 重化学工業

日本の工業は，重化学工業が中心になっている。とくに，自動車や鉄鋼は世界有数の生産量をほこる。近年は，ICなどの電子部品をつくる電子工業の発展がめざましい。

まずは**重化学工業**だ。ここは製鉄所だよ。

製鉄所のようす （ピクスタ）

鉄などをつくる工業を**鉄鋼業**というよ。鉄鉱石などの原料を熱して，鉄をとかしだすんだよ。

鉄鉱石
コークス
石灰石

高炉
鉄

真っ赤になってる。熱いよー。

製品
鋼板
H形鋼
鋼管

参考 **鉄鋼業**…高炉に鉄鉱石とコークス（蒸し焼きにした石炭），石灰石を入れて鉄分をとかし，転炉や電気炉で不純物を取り除く。のばして，鋼板や鋼管などの製品にする。

マメ知識 金属工業では，各種の金属の鉱石から，鉄，銅，鉛，亜鉛，アルミニウムなどの金属を取り出し，精錬して地金にする。地金は圧延機で引きのばし，板状や棒状の製品に加工する。鉄鋼業が金属工業の中心。鉄鋼業以外の金属工業は非鉄金属工業と呼ばれる。

第3章：日本の工業

マメ知識

これは石油化学コンビナート。 原油を原料にしていろいろな製品をつくるんだ。

石油化学コンビナート　（J.S.フォト）

まず、製油所で、原油を分解する。

それからさまざまな製品がつくられるんだよ。

原油 → ガソリン・ナフサ・重油

こんなにいろいろできるのね。

自動車のタイヤやシートなどもつくられるよ。

合成皮革・合成洗剤・化学せんい・合成ゴム・化学肥料・プラスチック・医薬品

原料の鉄鉱石や原油は、ほとんどが外国から輸入されているよ。

石油化学コンビナートの所在地（2011年）
室蘭・水島・周南・四日市・川崎・鹿島・五井・千葉・市原・姉崎・袖ヶ浦・大阪・岩国大竹・大分

おもな鉄鋼工場の所在地（2012年）
室蘭・加古川・倉敷（水島）・福山・神戸・鹿島・川崎・君津・東海・千葉・呉・大分・和歌山・北九州

だから工場は輸送に便利な海沿いにあるんだね。

化学工業では、原料を化学反応させることによって、ほかの工業の原材料をつくる。プラスチック、合成せんい、合成皮革、合成洗剤、化学薬品、化学肥料などの原材料をつくる。原料として原油、天然ガス、石炭、塩などを用い、プラスチック、合成ゴム、合成せんい、合成皮革、合成洗剤、医薬品、化学薬品、化学肥料などをつくる。化学工業の中心は、石油化学工業。

重要用語

石油化学コンビナート…原油を精製する製油所を中心に、周辺に石油化学製品をつくる工場を配置した工場群。製油所は、各工場にパイプラインで原材料を供給する。

マメ知識

自動車工場には、プレス工場、溶接を行う車体工場、とそう工場、組み立て工場などの建物があり、組み立て工場の中では、車体はベルトコンベヤーにのせられて移動し、作業員は移動してきた車体に部品を取りつける。作業の順番に合わせて並んでいる。これを流れ作業と呼ぶ。

さあ、いよいよ**自動車工業**だ。ここは鋼板をプレスして部品をつくる工場だよ。

自動車工場 （朝日新聞社）

ロボットが溶接しているよ。

うでだけのロボットなんだ…

とそうをしたあと、エンジンやシート、タイヤなどを取りつけるんだ。

自動車工場の所在地（2012年）

太田
狭山
豊田
広島
防府
横浜
白野
鈴鹿
浜松
苅田町
宮若

自動車工場は海の近くや交通の便のよい内陸に多いんだ。

重要用語

自動車工業…日本では1970年代から著しく発達し、工業の中心となっている。自動車生産台数は中国、アメリカに次いで世界第3位、輸出台数も第3位である（2011年）。

第3章：日本の工業

いろいろな機械をつくるのが**機械工業**。自動車工業も機械工業だ。

あっ ロボットだ。
コンニチハ

人型ロボットも機械工業の製品だね。

オオット！！ アブナイヨ。
ワー

コンピュータやロボットには、**電子工業**でつくられる*ICやLSI**が使われているよ。

＊最近は集積回路全般をICまたはLSIと総称することが多い。

小さいね。
IC（集積回路）
LSI

将来は、人が運転しなくてもよいロボットカーができるだろうね。

空を飛んだりして…。

マメ知識

精巧な機械装置によって、作業を行う自動機械をロボットと呼んでおり、人に似たすがたをしているとは限らない。工場では、産業用ロボットが溶接などの作業を、人に代わって行う。産業用ロボットは、人の手にあたるアーム、目にあたるセンサー、脳にあたるコンピュータなどからなる。

もっとくわしく 企業城下町 — 都市を支える企業

特定の企業とともに発展し、その影響が強い都市のことをいう。多くの住民がその企業、もしくはその企業に関連する仕事についており、都市の財政も、その企業の税金によって多くを支えられている。典型的な例として、自動車工業の愛知県豊田市があげられる。豊田市のほかには、電気機械工業の茨城県日立市、化学工業の宮崎県延岡市などがある。

おもな企業城下町

- 苫小牧（パルプ・製紙工業）
- 日立（電気機械工業）
- 豊田（自動車工業）
- 府中町（自動車工業）
- 門真（電気機械工業）
- 延岡（化学工業）

重要用語

機械工業…モーターなどの一般機械、自動車や船などの輸送用機械、テレビなどの電気機械、カメラなどの精密機械のほか、ICなどを生産する電子工業がふくまれる。

第1節：さまざまな工業

③ 軽工業

軽工業では、食料品、衣服、食器、紙など、おもに身の回りにある生活必需品がつくられている。それぞれの工業が、どんなところで発達しているかもおさえておこう。

（マメ知識）
陶磁器には、陶芸家や伝統工芸士によって少量生産され、美術品や伝統工芸品として高価に売買されるものと、機械で大量生産し、安価で売買され、おもに食器として用いられるものがある。陶磁器は、愛知県や岐阜県などで生産がさかん。

金属や原油などから製品をつくるのが重化学工業でしたね。

うん。じゃあ次は**軽工業**を見てみよう。

重いとか、軽いとか、おもしろいなあー。

まっ、なにっ。

わたしの体重のこと？失礼ね！

ヨッ

コホン。じゃあまず、**食料品工業**から調べてみよう。

魚や貝を加工してかんづめにしたり、大豆からしょうゆをつくったりする工業だよ。

農畜産物や水産物の豊富なところで食料品工業が発達しているんだね。

食料品工業がさかんなおもな都市
- 八戸
- 札幌
- 石巻
- 高崎
- 焼津
- 千葉
- 銚子
- 知多
- 伊予

重要用語

軽工業…食料品工業、せんい工業、よう業、パルプ・製紙工業のほか、ピアノやギターなどの楽器、えん筆などの文房具、たんすなどの家具をつくる工業も軽工業にふくまれる。

94

第3章：日本の工業

マメ知識

せんい工業は、糸や衣類をつくる工業だ。毛織物や絹織物、タオルなどの生産もふくまれるよ。

絹糸や綿花の産地だったところ、伝統的な織物が生産されてきたところに発達しているよ。

せんい工業がさかんなおもな都市
- 八王子
- 桐生
- 金沢
- 福井
- 倉敷
- 今治
- 一宮
- 名古屋
- 泉佐野
- 泉大津
- 京都

陶磁器やかわらなどをつくるのが**よう業**だ。セメント工業もふくまれる。

原料となる陶土や石灰石の産地に発達した工業だよ。

おもなセメント工場の所在地
- 八戸
- 秩父
- 宇部
- 津久見

(2012年)

紙をつくるのが**パルプ・製紙工業**だね。

多くは、大規模な工場で、海外から輸入された木材でつくられる洋紙だ。

木材の輸入に便利な海のそばの都市でさかんなんだね。

パルプ・製紙工業がさかんなおもな都市
- 苫小牧
- 富士宮
- 春日井
- 富士
- 四国中央

(2011年)

紙は、木材を原料としてつくられている。ブラジル、オーストラリア、チリなどでは、木材チップを確保するための植林が行われており、木材を小さくくだいてチップにし、チップからパルプをつくり、パルプが製紙の原材料となる。このような植林は地球温暖化防止にも役立っている。

参考

ファインセラミックス…高純度の原材料を焼き固めてつくる焼き物の一種。固くて軽く、熱にも強いので、電子部品、人工骨、エンジンの部品などに使われている。

第1節：さまざまな工業

④ 伝統産業

伝統的工芸品は，明治時代以前から受けつがれてきた職人の技術によってつくられる。全国各地で今もどんな伝統的工芸品がつくられているかを見てみよう。

マメ知識

伝統的工芸品のなかには，奈良時代から受けつがれてきた技術もある。越前和紙は，奈良時代（730年）のものである。紙すきの技術は，奈良時代，越前和紙や美濃和紙は税として都に送られた。現存する最古の越前和紙は，高句麗の僧曇徴により飛鳥時代（610年）に伝えられたとされている。

――――

次は**伝統産業**を見にいくよ。【重要】

伝統産業って何ですか？

明治時代以前から続く手作業中心の日用品づくりだよ。

将棋の駒もそうなんだ。

いい音。南部鉄器の風りんね。
チリ〜ン

- 大館曲げわっぱ（秋田県）
- 天童将棋駒（山形県）
- 久留米がすり（福岡県）
- 会津塗（福島県）
- 南部鉄器（岩手県）
- 小千谷ちぢみ（新潟県）
- 桐生織（群馬県，栃木県）
- 西陣織（京都府）
- 本場大島つむぎ（鹿児島県，宮崎県）
- 加賀友禅（石川県）
- 熊野筆（広島県）
- 土佐和紙（高知県）

重要用語
伝統産業…100年以上受けつがれている伝統的な技術で，工芸品を生産する工業。原材料は天然から得られるものが多く，おもに手作業でつくられる。

第3章：日本の工業

マメ知識

伝統産業のなかには、江戸時代、藩の収入を増やすために始められたものもある。天童将棋駒づくりは、江戸時代後期に藩の窮乏を救うため、武士の内職として始められた。それまでのつむぎに改良が加えられたものだ。たとえば、結城つむぎは、江戸時代初期に産業振興策として

おもな伝統的工芸品

- 焼物
- 塗物
- 染物・織物
- 和紙
- その他

入試に出る！

- 小千谷ちぢみ
- 十日町明石ちぢみ
- 輪島塗
- 加賀友禅
- 九谷焼
- 越前和紙
- 熊野筆
- 備前焼
- 伊万里・有田焼
- 大館曲げわっぱ
- 南部鉄器
- 天童将棋駒
- 会津塗
- 桐生織
- 結城つむぎ
- 常滑焼
- 美濃焼
- 信楽焼
- 西陣織
- 京焼・清水焼
- 土佐和紙
- 久留米がすり
- 琉球かすり
- 本場大島つむぎ

わあーっ、たくさんあるね。

古くから伝わる職人の高い技術が生かされているんだ。

なぜ、各地に発達したのかなあ？

タイムワープで調べにいこう。

ヤッター七つ道具！

キャー

参考

伝統工芸士…伝統的工芸品を作る技術者のなかでも、とくにすぐれた技術と知識をもつと認められた人のこと。

マメ知識

愛知県瀬戸市一帯は、古くから陶磁器の製造がさかんであった。19世紀初めには磁器がつくられるようになり、明治時代以降は機械化が進んで大量生産が可能となった。陶磁器全般をさして「せともの」というのは、瀬戸でつくられた陶磁器が各地に普及したことを表している。

- 瀬戸焼は平安時代から続いているよ。
- たんぼの下の土をほっているのね。
- 焼物は、質のよい陶土がとれるところで発達したんだ。

備前〔伊部〕（岡山県）

- 福島県の会津では、うるしが植えられていたんだ。
- うるしの木からしるをとっているんですね。

うるしかき

- うるしのしるをぬる工芸品が塗物だ。江戸時代から続くところが多いよ。

- 岐阜県の美濃和紙や福井県の越前和紙も、1000年以上の歴史があるんだ。
- 1枚1枚手ですいていくのね。
- 和紙づくりは、材料のこうぞやみつまたなどの産地で発達してきたんだ。

こうぞの水洗い

手すき

参考

陶土…陶磁器の原料になるねん土。岐阜県や愛知県、九州北西部から良質の陶土が大量にとれる。岡山県の備前焼は、水田の下にあるねん土をほり出して使っている。

第3章：日本の工業

マメ知識

絹織物づくりは、養蚕のさかんだった地域で発達している。

茨城県と栃木県でつくられている、絹織物の**結城つむぎ**は有名だ。

西陣織は、京都で発達した絹織物だ。

はた織り
はた織り
糸つむぎ

南部鉄器は、原料の砂鉄が豊富にとれる岩手県の南部地方でつくられてきた。

とけた鉄を型に注ぐ

山形県の天童では武士の内職として将棋の駒づくりをしていたんだ。

武士もラクじゃないねー

もっとくわしく　国に保護される　伝統的工芸品

昭和49（一九七四）年、伝統産業の技術を守り、発展させるための法律（伝統的工芸品産業の振興に関する法律）がつくられた。指定条件としては、日常生活に用いられる工芸品であることや、手作業でつくられていること、技術や原材料が100年以上にわたって受けつがれていること、一定の地域で産業として成り立っていることなどがあげられている。

南部鉄器　（ピクスタ）

「**伝統的工芸品**」は、1人の工芸士によってつくられるきわめて高価な美術品ではないにしても値段が高い。産地によっては、分業化をはかって生産量を増やし、価格を下げる努力をしているところもある。しかし、1つ1つ手づくりされているため、美術品ほどではないにしても値段が高い。

参考
伝統産業の後継者…伝統産業の技術を身につけるには長い年月が必要で、苦労も多い。そのため、後継者が少なく、とだえるおそれのある伝統産業も多い。

第2節：工業がさかんな地域

① 工業が発達している地域

工業が発達しているところには、必ず発達した理由がいくつかある。その理由をおさえながら、国内のどんな地域で工業が発達しているのかを見ていこう。

マメ知識

海沿いの地域には、とくに鉄鋼業や石油化学工業などの重化学工業が発達している。海沿いの地域は、原料の輸入や製品の輸出に便利だからである。また、臨海地域は、海をうめ立てることによって工場用地を広げることができるのも利点。石油化学コンビナートは臨海地域にしかない。

工業が発達している場所には、理由があったね。

大きな港に近い海沿いの地域だよね。輸出や輸入をするのに便利だから。

海のそばだと、うめ立てて、土地を広げることもできますね。

また、働く人がいることや大消費地に近いことも大事な条件だね。

古くから工業がさかんだった地域は4つあるんだよ。

京浜工業地帯
中京工業地帯
阪神工業地帯
北九州工業地帯
（地域）

何コレ？

これらの工業地帯ですね。

そして、近年はそのほかの工業地域も発達してきたんだ。

京葉工業地域
関東内陸工業地域
東海工業地域
瀬戸内工業地域

入試に出る！

参考

工業が発達する条件…原料やエネルギー、製品の輸送に便利なこと。広い工場用地がある、または確保できること。労働力が豊富であること。大消費地に近いことなど。

第3章：日本の工業

工業のさかんな地域とそのほかのおもな工業都市

- 工業のさかんな地域
- そのほかのおもな工業都市

入試に出る！

地図中の地名・地域：
札幌、釧路、室蘭、苫小牧、八戸、北上、山形、仙台、北陸工業地域、日立、関東内陸工業地域、松本、鹿嶋、京葉工業地域、瀬戸内工業地域、北九州工業地帯（地域）、佐世保、大分、長崎、八代、熊本、延岡、徳島、東海工業地域、京浜工業地帯、中京工業地帯、阪神工業地帯、太平洋ベルト

重要

工業の発達している地域がおもに太平洋側に帯状に連なっているから、**太平洋ベルト**というんだ。

工業が発達する条件がそろっているのね。

海の近くじゃない地域ですね。

近年、内陸地域にも工業がさかんな都市が増えているんだよ。

今度は、空から内陸に発達した工業地域を調べてみようか。

今度はこれ!! ジェットコプター

マメ知識

コンビナートは、生産上、関連の深い工場を同じ地域に集め、結び合わせて生産の合理化をはかるしくみである。石油化学のほかに、鉄鋼と化学が結びついたものもある。くわえておくむだを省くことができる。原料を輸送する手間や原料をた

重要用語

太平洋ベルト…関東地方南部から九州地方北部にかけての海沿いに連なる、工業地帯・地域が集中している地域。太平洋ベルトの工業生産額は、日本全体の3分の2以上。

これは高速道路の周辺にある工業団地だよ。

高速道路を利用して原料や製品を運ぶのね。

高速道路の周辺にある工業団地 （朝日新聞社）

IC工場の分布 (2012年)

IC工場は全国各地にあるのねえ。

重要

・おもなIC工場

マメ知識

関東内陸工業地域は海からはなれたところにあるが、近年の発達がめざましい。これは、過密になった京浜工業地帯から工場が移ってきたり、新しい工業団地が建設されたりしたためである。工業出荷額は、京浜・阪神各工業地帯に匹敵するほどである。

参考 **関東内陸工業地域**…北関東工業地域ともいい、埼玉・群馬・栃木県の内陸部にまたがる工業地域。

第3章：日本の工業

マメ知識

ICの製造には、空気がきれいなことと、製品を洗うためのきれいな水が必要となる。これらの理由から、高速道路や空港が整備された九州地方や東北地方にもIC工場が多い。また、製品の価格が高く、小型・軽量なので一度にたくさん運べるため、輸送費が高くても利益が出る。

東北地方のおもなIC工場と高速道路・空港 (2012年)

- ○ おもな工業都市
- ● おもなIC工場
- ✈ おもな空港
- ― おもな高速道路

（青森、八戸、秋田、盛岡、酒田、新庄、多賀城、仙台、山形、米沢、福島、郡山、会津若松、いわき）

「IC工場は、内陸部にも発達しているね。」

「高速道路沿いや空港の近くに多いんだね。」

九州地方のおもなIC工場と道路・空港 (2012年)

- ● おもなIC工場
- ✈ おもな空港
- ― おもな高速道路
- ― おもな国道

（佐賀、福岡、長崎、大分、熊本、宮崎、鹿児島）

「ICは、製品が軽く、高価なので、高速道路を使用したり、航空機で輸送したりしても採算がとれるからなんだ。」

もっとくわしく ── ICの生産がさかん！

シリコンアイランド

シリコンとは、ICの原材料となる物質のこと。電子工業のさかんなアメリカでは、電子工業の研究所や工場が集中しているサンフランシスコの南部、サンノゼの渓谷地帯をシリコンバレーと呼んでいる。IC工場が各地に進出し、電子工業がさかんになった九州地方は、シリコンバレーにならって、シリコンアイランドと呼ばれるようになった。

IC工場内のようす　（朝日新聞社）

参考

東北地方の交通網…1980年代から東北新幹線や山形新幹線、秋田新幹線の開業や延長があいつぎ、東北自動車道、磐越自動車道、山形自動車道などの整備も進んでいる。

第2節：工業がさかんな地域

2 各地の工業地帯・工業地域

工業がさかんな地域には，古くから発達している工業地帯と近年新しく発達してきた工業地域がある。それぞれの特色や出荷額の移り変わりもおさえておこう。

工業地帯・地域別出荷額の割合 (2010年)

- 中京 16.6%
- 阪神 10.4
- 瀬戸内 10.1
- 関東内陸 10.0
- 京浜 8.9
- 東海 5.3
- 京葉 4.3
- 北九州 2.8
- その他

出荷額 290.8兆円

＊関東内陸は，栃木県・群馬県・埼玉県。

重要：古くから発達しているのは，かつての**四大工業地帯**ですね。

そう，そのうち**中京，阪神**は，出荷額がとくに多いんだ。

中京工業地帯は，工業出荷額が日本一なんですね。

そうだね。機械工業を中心とした工業地帯なんだ。なかでも自動車工業がとくに発達しているよ。

空から見た自動車工場（豊田市） （ピクスタ）

マメ知識

中京工業地帯は，第二次世界大戦後，綿織物や毛織物などのせんい工業を中心に復興した。その後，四日市市（三重県）の石油化学工業や豊田市（愛知県）の自動車工業が発達した。現在，日本一の工業出荷額をほこり，自動車工業をはじめとする機械工業の割合は60％をこえる。

参考

四大工業地帯…明治時代から1910年代にかけて，京浜工業地帯，中京工業地帯，阪神工業地帯，北九州工業地帯ができ，以後，日本の工業の発展を支えてきた。

第3章：日本の工業

マメ知識

空から見た京浜工業地帯　（ピクスタ）

京浜工業地帯は、機械工業の割合が高い。また、都心には新聞社などが多いから、印刷業もさかんだよ。

臨海部に石油化学コンビナートや鉄鋼工場がたくさんあるのね。

空から見た阪神工業地帯　（ピクスタ）

阪神工業地帯は、金属工業やせんい工業がさかんだよ。

今は、中京、京浜、阪神の3つを合わせて**三大工業地帯**ということもあるよ。

【重要】

建設中の八幡製鉄所　（朝日新聞社）

北九州工業地帯（地域）は、かつて鉄鋼業を中心に発達したんだ。最近は、IC工場や自動車工場が多く進出している。

鉄鋼業はおとろえてきたんですね。

北九州工業地帯（地域）は、1901年に官営の八幡製鉄所が操業を始め、筑豊炭田の石炭と中国から輸入した鉄鉱石をもとに鉄鋼業が発達した。しかし、現在石炭産業や鉄鋼業はおとろえ出荷額はのびなやんでいる。代わって、電子工業や自動車工業など機械工業の生産割合が高まっている。

参考　**三大工業地帯**…戦後、新しくできた工業地域の出荷額が北九州工業地帯を上回るようになったので、現在は北九州をはずして三大工業地帯と呼ぶこともある。

マメ知識

関東内陸工業地域は埼玉・群馬・栃木にまたがっており、周辺に高速道路が整備され、過密になった京浜工業地帯から移ってきた工場、新しく建設された工業団地に数多くの工場が進出し、形成された。輸送・交通の便がよくなったことも発展の理由である。

工業地帯・地域別シェアの移り変わり

年	京浜	中京	阪神	関東内陸	北九州	京葉	東海	瀬戸内	その他
1965年	24.3%	10.8	19.0	5.9	3.3	2.4	3.8	8.5	
1975年	18.5%	11.2	15.5	7.4	2.8	4.4	4.1	10.0	
1985年	16.6%	12.7	13.2	9.6	2.5	4.2	4.7	8.9	
1995年	14.3%	13.4	11.5	10.1	2.6	3.8	5.3	8.3	
2010年	8.9%	16.6	10.4	10.0	2.8	4.3	5.5	10.1	

新しい工業地域には、どんな特色があるんですか？

関東内陸工業地域や東海工業地域は、近年シェア（市場占有率）を拡大しているんだよ。

高速道路沿いに発達してきた工業地域なのね。

関東内陸工業地域は、自動車や電気機器などの組み立て型工業が中心なんだ。

空から見た関東内陸工業地域（学研・写真資料センター）

瀬戸内工業地域では、石油化学工業、鉄鋼業、自動車工業、造船業などが発達しているよ。

造船所（広島県呉市）　（ピクスタ）

あれっ!?

参考　造船業…日本の造船業は、1973年の石油危機後にのびなやんだものの、1956年以降長らく世界一の受注量をほこっていた。近年は中国、韓国ののびがめざましい。

107 第3章：日本の工業

マメ知識

東海工業地域は、オートバイや楽器づくり、パルプ・製紙工業や食料品工業がさかんだよ。

これは！助かったよ。

あ、先生！

ワーッ！

北陸工業地域では、機械工業や化学工業が発達している。ほかにも、伝統的なせんい工業や洋食器づくりなどもさかんだよ。

スゴーイ

なんでジャグリング？

京浜工業地帯は東京と神奈川にまたがっているけど、京葉工業地域は東京湾の千葉県側に広がっているのね。

千葉　東京

京浜工業地帯の工場用地が不足してきたので、千葉県の東京湾の臨海部をうめ立てて発達してきたのが京葉工業地域なんだ。

京葉工業地域では、鉄鋼業や石油化学工業がさかんだよ。

でっけーよー！

茨城県南東部の鹿島灘に面した鹿嶋市を中心として、鹿島臨海工業地域が発達している。人工港は、20万トン級の巨大タンカーも接岸できる。また、砂丘に人工のほりこみ港がつくられ、製鉄所、石油化学コンビナートなどが建設された。多くの船が接岸できるようにY字型となっている。

参考 **東海工業地域**…浜松市ではオートバイや楽器づくり、富士市ではパルプ・製紙工業がさかん。また、焼津市では水産加工業がさかん。

要点整理と重要事項のまとめ ⑤

1. さまざまな工業

①工業の仕事
- 工業…重化学工業と軽工業。

②重化学工業
- 重化学工業…鉄鋼業などの金属工業，石油化学工業，自動車工業などの機械工業。
- 重化学工業の立地条件…原料の輸入に便利な，港のある海沿いの地域。

③軽工業
- 軽工業…食料品工業，せんい工業，よう業，パルプ・製紙工業など。
- 軽工業の立地条件…原料の産地や輸入に便利な港近くなど，原料の入手に適していること。

④伝統産業
- 伝統産業…明治時代以前から続く手作業中心の日用品づくりのこと。
- 伝統産業が発達している地域…原料の産地であることが多い。
- 伝統産業の起こり…冬の農家の副業や武士の内職として始められたものが多い。

2. 工業がさかんな地域

①工業が発達している地域
- 太平洋ベルト…関東地方南部から九州地方北部の海沿いに，帯のように連なっている工業のさかんな地域。
- 内陸の工業地域…高速道路や空港の整備によって発達した。

②各地の工業地帯・工業地域
- 古くから発達している工業地帯…京浜工業地帯，中京工業地帯，阪神工業地帯，北九州工業地帯（地域）。
- 各工業地帯の特色…中京で自動車工業，京浜で機械工業や印刷工業，阪神で金属工業やせんい工業がさかん。
- 北九州工業地帯（地域）の特色…かつて鉄鋼業でさかえたが，現在はIC工場や自動車工場が増えている。
- 新しく発達した工業地域…京葉工業地域，関東内陸工業地域，東海工業地域，瀬戸内工業地域など。
- 各工業地域の特色…関東内陸で組み立て型工業，瀬戸内で石油化学工業や鉄鋼業，東海でパルプ・製紙工業や食料品工業，京葉で鉄鋼業や石油化学工業がさかん。
- 新しい工業地域が発達した理由…過密になった工業地帯の周辺地域に，新たな工業地域がつくられた。

重要事項の一問一答 ⑤

❶ さまざまな工業

(▼答え記入らん)

①工業を大きく2つに分けると、重化学工業ともう1つは何ですか。

②鉄鉱石などの原料から鉄をとかしだし、鋼板などをつくる工業は何ですか。

③原油を原料に、プラスチックなどの製品をつくる工業を何といいますか。

④魚や貝を加工してかんづめにしたり、大豆からしょうゆをつくったりする工業は何ですか。

⑤明治時代以前から続く手作業中心の日用品づくりを何といいますか。

⑥山形県の天童市で行われている伝統産業でつくられているものは何ですか。

❷ 工業がさかんな地域

(▼答え記入らん)

①関東地方南部から九州地方北部にかけて連なる工業のさかんな地域を何といいますか。

②九州地方はICの生産がさかんなことから、何と呼ばれていますか。

③古くから発達している工業地帯は、京浜、中京、北九州ともう1つはどこですか。

④東京湾の千葉県側に発達してきた工業地帯・工業地域を何といいますか。

⑤現在、出荷額が日本一の工業地帯・工業地域はどこですか。

⑥IC工場の多い地域の近くにある交通機関は、おもに高速道路ともう1つは何ですか。

⑦1901年に現在の福岡県北九州市で操業を始めた官営の製鉄所を何といいますか。

答え
❶ ①軽工業 ②鉄鋼業 ③石油化学工業 ④食料品工業 ⑤伝統産業(伝統工業) ⑥(天童)将棋駒
❷ ①太平洋ベルト ②シリコンアイランド ③阪神工業地帯 ④京葉工業地域 ⑤中京工業地帯 ⑥空港(飛行場) ⑦八幡製鉄所

第3節：工業の特色

① 日本の工業の特色

日本の工場を見ると、工場の数と働く人の数は中小工場のしめる割合がきわめて高い。大工場と中小工場の規模のちがいや、生産するもののちがいなどをおさえよう。

マメ知識
日本の工場のほとんどは中小工場である。また、働く人の総数も、中小工場で働く人の数が大工場で働く人の数より多い。これは日本の工業の特色である。

おもな工業製品の生産量の割合（台数）

自動車（乗用車）（2012年） 計6307万台
- 中国 24.6%
- 日本 13.6
- ドイツ 8.5
- 韓国 6.6
- アメリカ 6.5
- その他

薄型カラーテレビ（2011年） 計223百万台
- 中国 40.6%
- マレーシア 5.2
- タイ 3.2
- 日本 3.2
- 韓国 2.4
- その他

日本では、どんな工業がさかんなんですか？

重化学工業だよ。とくに自動車工業やICなどをつくる電子工業などの機械工業、鉄鋼業などだね。

工場は、従業員数によって3種類に分けられるよ。

中工場 従業員299人以下30人以上

小工場 従業員29人以下

大工場 従業員300人以上

工場の数を比べると、最も多いのは小工場で、ついで中工場、大工場の順になる。

参考　中小工場の出荷額…大工場と中小工場の出荷額の割合（2010年）は、中小工場は53%、大工場が47%である。工場数は99%以上をしめるが、出荷額はほぼ半分である。

第3章：日本の工業

マメ知識

軽工業では中小工場の出荷額が多く、重化学工業では大工場が出荷額の半分以上をしめる。また、中小工場には、大工場からの注文を受け、大工場で使う部品をつくっているところもある。中小工場は日本の工業の発展を支えているといえる。

その1 大工場と中小工場は、どんな関係があるのかしら。

軽工業の中小工場 ← 重化学工業の大工場

「たとえば大工場が原材料をつくり…」
「中小工場が加工することがある。」

その2 大工場と中小工場では、いろいろなちがいがあるんだね。

機械工業の下うけの中小工場 → 機械工業の大工場

「あるいは中小工場が部品をつくり…」
「大工場が組み立てたりする。」

もっとくわしく：知識集約型の小企業　ベンチャー企業

ベンチャーは英語で、冒険、冒険的なくわだて、投機などの意味がある。高度な知識や新しい技術をもとにして、それまでになかった発想の経営を行っている会社のことで、企業の規模は小さい。数人が小さな事務所で会社をおこし、パソコンなどを使って仕事を始めることが多い。仕事は、たとえば、パソコンソフトの開発やインターネットサイトの運営など。2002年2月〜2006年4月、特例によって資本金1円から会社を設立できた。これにより、多くのベンチャー企業が誕生した。

参考

中小工場の技術…大工場ではつくれない、専門技術や熟練を必要とする製品を手作業でつくっている中小工場がある。たとえば、チタンの特殊なプレスや極小のビスなど。

マメ知識

日本は欧米から技術を取り入れて近代工業をおこした。1872年には群馬県に富岡製糸場がつくられ、1901年には八幡製鉄所が操業を始め、日露戦争(1904〜05年)のころから重工業も発達した。しかし戦後、日本の工業は技術の進歩などでめざましい発展をとげた。

日本では、いつごろから工業が発達したのかしら？

タイムワープを使って、見にいこう。

明治時代になって、紡績や製糸などの工場がつくられ、**せんい工業**が著しく発達したんだ。

ここは製糸工場ですね。

また、現在の福岡県北九州市に官営の八幡製鉄所がつくられて以来、重化学工業も発達した。

ところが、日本の重化学工業は、第二次世界大戦でほぼ壊滅したんだ。

とくに、**機械工業**が発達したことがわかるね。

工業出荷額の割合の変化

年					
1935年 108億円	せんい工業 32.3%	金属工業 18.4	化学工業 16.8	機械工業 12.6	食料品工業 10.8	その他
1960年 15兆5786億円	機械工業 25.8%	金属工業 18.8	食料品工業 12.4	せんい工業 12.3	化学工業 11.8	その他
2010年 290兆8029億円	機械工業 44.6%	化学工業 14.2	金属工業 13.6	食料品工業 11.7	せんい工業 1.4	その他

参考

高度経済成長…1950年代中ごろから1970年代初めにかけて、日本の経済が急成長した。日本の工業は、重化学工業を中心に大いに発展し、貿易も拡大した。

第3章：日本の工業

マメ知識

第一次世界大戦（1914～18年）中、日本は武器や日用品をヨーロッパやアジアに大量に輸出、好景気をむかえた。工業出荷額が農業生産額を上回り、日本は農業国から工業国となった。四大工業地帯が形成されたのもこのころである。

1950年代中ごろから、日本は高度経済成長に入った。重化学工業は大いに発展したんだ。

1973年、石油危機が起こった。石油関連の製品がなくなるといううわさが広がってしまった。

石油危機で、日本の高度経済成長は終わり、原料にたよる工業から機械工業などの知識集約型の工業に転換していったんだ。

IT（ICT）産業（情報（通信）技術産業）

精密機器の部品となるIC（ピクスタ）

高度な知識と進んだ技術をもとにした産業は、**先端技術（ハイテク）産業**と呼ばれているんだ。

もっとくわしく　石油危機

工業の方向性を変えた

産油地域で戦争などが起こると、石油の輸出量が少なくなったり、価格が高くなったりすることがある。実際に1973年と1979年の二度にわたり、産油国が石油の輸出を制限したり、大はばな値上げを行ったりしたため、世界経済が混乱した。これを石油危機、または石油ショックと呼んでいる。日本の国内では、ガソリンや灯油、日用品の買いだめが起こった。

石油製品や関連製品が不足するといううわさのため、トイレットペーパーなどを買いだめしようと、行列ができた。（朝日新聞社）

参考

安定成長期における日本の工業…石油危機をへて、日本の工業は資源やエネルギーにたよる石油化学工業や鉄鋼業中心から、高度な技術を使った機械工業へ重点が移った。

第3節：工業の特色

2 日本の工業の今とこれから

世界有数の工業国として発展した日本だが、一方でさまざまな問題も起こっている。どのような問題点があるか、今後どういうことを求められているのかを見ていこう。

日本の工業は、今、安定しているんですね。

いや、安心していられない問題も起きているよ。

最近、海外に工場を移す日本の企業が増えているんだ。

海外だと、労働者の賃金や材料費が安いから、その分、製品も安くつくることができるからだ。

そのため、日本国内では、閉鎖される工場が増加した。国内産業のおとろえ（**産業の空洞化**）が心配されているんだ。

マメ知識

ユニバーサルデザインは、年齢・性別・国籍・文化・経験などどんなちがいにも関係なくだれもが使いやすいように考えられたデザインの考え方。バリアフリーが不自由な体の人にとっての障がいを取り除くという考え方に対し、より進んだ発想といえる。またそ

重要用語 **産業の空洞化**…工場の海外進出などで国内の製造業の力がおとろえること。1980年代後半の円高や貿易摩擦で、自動車や電気機器の海外現地生産がさかんになった。

第3章：日本の工業

マメ知識

リユース（再使用）、リデュース（発生をおさえる）、リサイクル（再生利用）の頭文字をとって、「3つのR（3R）」と呼ぶ。ペットボトルやトレイを再利用する容器包装リサイクル法、冷蔵庫などの家電の回収・再利用を製造会社に義務づけた家電リサイクル法などの法律が定められた。

「これからの工業にとってだいじなことって何？」

「だれもが使いやすい製品の開発もだいじなことの1つ。たとえば、**ユニバーサルデザイン**の製品がつくられるようになっている。」

高齢者でも持ちやすい直角に曲がったスプーンなど　（朝日新聞社）

「容器にさわっただけで区別できるシャンプーとリンスとか。」

「また、地球環境を考えた**リサイクル**もだいじだ。使われなくなった製品から部品を取りはずして、リサイクルを進めている。」

入試に出る！

「パソコンの部品もリサイクルされているのよ。」

「ガラスびんやペットボトルなどの資源ごみは、必ずリサイクルしなければいけないね。」

リサイクルされている自動車のおもな部品

- 車体 → 鉄・アルミニウム
- エンジン → 鉄・アルミニウム
- 排出ガスの浄化装置 → 白金など
- ドア → 鉄・アルミニウム
- ラジエーター → 銅・アルミニウム
- バッテリー → 鉛
- トランスミッション → 鉄・アルミニウム
- タイヤ → 燃料・ゴム

重要用語

リサイクル…再生利用という意味。ごみとなるものを、資源として再利用することをいう。設計段階からリサイクルしやすい製品をつくる努力がなされている。

第4節：環境問題とエネルギー資源

① 公害の発生，公害との戦い

生産活動から排出される有害物質などが人体に悪影響をあたえたり，環境を破壊したりすることを公害と呼ぶ。公害の発生や公害との戦いを見ておこう。

> **マメ知識**
> 明治時代，栃木県で起きた足尾銅山鉱毒事件は，日本最初の本格的な公害といわれている。足尾銅山から流れ出た有害物質が渡良瀬川や周辺の農地を汚染し，地域の住民に大きな被害をもたらした。当時の衆議院議員田中正造は，この問題の解決に努力したことで知られる。

――――

「あのトラック，排出ガスをまきちらして走っているよ。」

「ちょっと，待ちなさい！」

「だいじょうぶ？ほんとうに困ったものね。」

「ああいうのを，公害っていうんですよね。」

「ちょっとちがうんだ。」

「排出ガスを出す自動車は，1台だけじゃないよね。」

「たくさんの自動車の排出ガスによって，空気がよごれることが公害なんだ。」

「生産活動などによって，人の健康や生活環境に悪影響が出る被害が公害なんだよ。」

重要

――――

重要用語
大気汚染…自動車の排出ガスや工場のけむりなどが空気をよごすこと。現在，けむりや排出ガスのなかの有害物質やディーゼル車から出る粉じんなどは減少している。

第3章：日本の工業

さまざまな公害

- ごみ処理場から出るダイオキシンによる土壌汚染
- 地下水をくみ上げすぎたことによる地盤沈下
- 自動車や工場から出る排出ガスによる大気のよごれ
- 自動車や鉄道，工事などによるしん動
- 自動車や工場から出るそう音
- 工場排水や生活排水による水のよごれ
- 化学工場やごみなどが原因の悪しゅう

公害の苦情件数（2011年）
計 8万51件
- 大気汚染 21.8%
- そう音 19.8
- 悪しゅう 14.4
- 水質汚濁 9.3
- しん動 2.4
- その他

マメ知識

ダイオキシンは「史上最悪・最悪の毒物」と呼ばれるほど強い毒性がある。国はダイオキシン規制法をつくり，工場や焼却場の排出基準を定めた。塩化ビニルやプラスチックを低温で燃やすと，ダイオキシンが発生する。低温でごみを燃やす学校の焼却炉は使用できなくなった。

もっとくわしく　地球温暖化をまねく 二酸化炭素

二酸化炭素は温室効果ガスの1つ。温室効果ガスは地球の熱が宇宙ににげていくのをおさえるため，気温が上昇する。この現象が地球温暖化である。現在，大気中に増加している二酸化炭素は，石油や石炭などの化石燃料を燃やすことによって排出されている。そのため，工場や自動車などから出る二酸化炭素の量をいかにおさえるかが世界的な課題となっている。

地球温暖化のしくみ
宇宙へにげる熱
CO_2
大気中の二酸化炭素（CO_2）が，地球から熱がにげていくのをおさえる。

重要用語

水質汚濁…工場排水や家庭からの排水によって水がよごれること。工場や鉱山から出る有害物質はきびしい規制によってかなり減少したが，家庭の下水が問題となっている。

日本は、1950年代中ごろから高度経済成長に入り、世界有数の工業国になったんだ。

がんばって働かなきゃ。

すごいね。

ところが、産業の発展にともなって、さまざまな問題も起こってきたんだよ。

工場から出るけむりで空気がよごれたんだ。

工場排水が川や海をよごしているわ。

でも、国や企業は、産業の発展を優先して、住民の健康や環境をあまり考えなかった。そして、**四大公害病**が発生してしまったんだ。

初めは公害病とはわからず、原因不明の風土病だと考えられていたんだ。

マメ知識

ある一定の気候、風土をもつ地域に発生する病気のことを風土病という。多くは、病気を起こす寄生虫の分布や微生物が寄生する相手となる生物の分布域だけに発生することから風土病と呼ばれる。マラリアや黄熱病、日本ではツツガムシ病や日本住血吸虫病などがある。

参考 **有害物質**…公害病の原因となったカドミウム、有機水銀（メチル水銀）、亜硫酸ガス（二酸化イオウ）のほか、二酸化窒素などの窒素酸化物、ダイオキシンなどがある。

第3章：日本の工業

マメ知識

1967年に新潟水俣病の患者が工場を相手に裁判を起こしたのに続き、同じ年に四日市ぜんそく、翌年にイタイイタイ病、さらに翌年に水俣病の裁判が起こされた。1971年から1973年にかけて、いずれも患者側のうったえが認められた。

四大公害病が起こった場所

- イタイイタイ病：神通川下流域（富山県）
- 新潟水俣病：阿賀野川下流域（新潟県）
- 四日市ぜんそく：四日市市（三重県）
- 水俣病：水俣湾沿岸（熊本県、鹿児島県）

イタイイタイ病は、骨がもろくなる病気で、はげしい痛みがはしるんだ。原因は、鉱山から出たカドミウムだった。

水俣病は、化学工場から出た有機水銀に汚染された魚や貝を食べたのが原因。亡くなった人もいるんだ。

手足がしびれる！！
目が…
魚を食べただけなのに。

やがて、工場などから出た有害物質が原因とわかったが、国や企業は責任を認めなかったんだ。

四日市ぜんそくは、工場から出た亜硫酸ガスで空気がよごれたのが原因。息をするのが苦しくなったりしたんだ。

ゴホッゴホッ

裁判の結果、裁判所は国や企業に賠償金を支はらうように命じた。でも、まだ後遺症になやむ人も多いんだ。

勝訴

重要用語

四大公害病…イタイイタイ病、水俣病、四日市ぜんそく、新潟水俣病の4つをいう。新潟水俣病は第二水俣病とも呼ばれ、化学工場から流された有機水銀が原因だった。

第4節：環境問題とエネルギー資源

② 環境問題への取り組み

1960年代，企業や国は環境や住民の健康より，工業生産を高めて利益をあげることを優先した。そのためにさまざまな公害が起こり，次々と対策がとられるようになった。

マメ知識

1992年，ブラジルのリオデジャネイロで約170の国・地域の代表が集まって国連環境開発会議（地球サミット）が開かれた。会議では，環境を守りながら，どう開発を進めていくかが議論された。日本では，会議の成果を受けて環境基本法が定められた。

「公害対策はどうしているんですか？」

「新しい法律や役所がつくられたんだ。」

「1967年には、**公害対策基本法**が制定され、公害についての企業の責任などを定めた。」

「公害をなくそう！」

「1993年には、新たに**環境基本法**が定められ、公害対策基本法は廃止された。」

「また、1971年には、公害や自然環境に関わる問題をあつかう**環境庁**がつくられた。環境庁は、2001年に**環境省**となっているよ。」

重要

「ディーゼル車の排出ガス規制を実施した東京都のように、条例を定めた地方自治体もある。」

「こんなによごれるんだ。」

重要用語

環境省…1971年，公害対策や環境問題に取り組む役所として環境庁が設置された。その後，環境破壊が世界的な問題となったこともあり，2001年に環境省となった。

第3章：日本の工業

マメ知識

企業は、法律にもとづいて、工場から出る有害物質をおさえる装置を設置している。

浄化装置できれいにするんだね。

工場に設置された浄化装置。有害な物質が、できるだけ排出されないようにする。（岩崎電気）

水質汚濁防止法や大気汚染防止法などによって、川や海の水、空気はずいぶんきれいになったんだ。

しかし、生活排水による水のよごれはまだ深刻だし、環境ホルモンやダイオキシンなど、新たな問題も発生している。

地球にやさしい生活をしましょうね。

体の状態を正常に保つために、体内でつくられる物質をホルモンという。近年、このホルモンと似た作用をする化学物質が多数見つかっている。プラスチックや洗剤などからとけだした化学物質が体内に吸収され、体内ホルモンの働きをさまたげるとされ、環境ホルモンと呼ばれる。

もっとくわしく　地球規模の環境問題　地球温暖化

イギリスで始まった産業革命以来、人間の産業活動や開発によって大気中の二酸化炭素は増加する一方だ。大気中の二酸化炭素の濃度が上がったことにより、過去100年で、地球の平均気温は0.6～0.7℃上昇したといわれる。気温が上昇すると、南極などの氷がとけて海面が上昇したり、異常気象が起こったりすると考えられている。

地球平均気温の変化

平均気温（1971～2000年の30年平均値）

重要用語

環境基本法…1967年、環境汚染の限度を示す公害対策基本法がつくられた。この法律は1993年に廃止され、「地球環境の保全」を目的とする環境基本法がつくられた。

第4節：環境問題とエネルギー資源

３ 日本の資源・エネルギー事情

資源のとぼしい国である日本は，資源の大部分を海外からの輸入にたよっているが，世界の資源にも限度がある。資源，とくにエネルギー資源の今後の課題を見ていこう。

マメ知識

日本では，1960年ごろまではエネルギーの主力は石炭で，40％以上を石炭でまかなっていた。1960年代に西アジアで油田が次々と発見され，エネルギーの主力が石炭から石油に代わった。石油危機のあと，石油の割合は下がったが，現在も40％ほどを石油にたよっている。

（コマ１）
ねー、どこまで飛ぶの？
新潟県をぬけて、日本海に出たよ!!

（コマ２）
日本でも原油がとれるんだ。
あれは海底油田だよ。原油をくみ上げるんだ。

（コマ３）
ちょうどいいや。燃料をもらっていこうよ。
とちゅうで落っこちたら大変だもんね。
原油は、ほとんど海外から輸入しているんですよね。

（コマ４）
そうだね。日本では、新潟県や秋田県などで少しとれるだけなんだ。
秋田
新潟
（#）は油田

参考

鉱産資源の自給率…原油は新潟県や秋田県などで産出するが，自給率は0.4％。石炭は，国内産より安価で良質のものが輸入できるため，自給率は0.7％（2012年）。

第3章：日本の工業

マメ知識

日本国内でとれる資源の量と輸入量の割合（2011年）

- 石炭：国内でとれる量の割合 0.7%／輸入する量の割合 99.3%
- 原油：0.4%／99.6%
- 鉄鉱石：輸入する量の割合 100%
- 銅：輸入する量の割合 100%
- 鉛：100%
- ボーキサイト：100%
- 天然ガス：2.9%／97.1%
- 石灰石：国内でとれる量の割合 100%

入試に出る！

原油だけじゃない。日本は、資源のほとんどを輸入にたよっているんだ。

天然ガスは、インドネシア、マレーシア、オーストラリアなどから輸入。化石燃料のなかでは二酸化炭素の排出量が最も少なく、火力発電の燃料や都市ガスなどに利用されている。火力が強く、産出地域が西アジアにかたよっていないので、今後も輸入量の増加が予想される。

セメントをつくる**石灰石**は、たくさんあるんだけどねぇ。

昔は、金も銀もたくさんとれたんでしょう。でも、ほとんどとりつくしちゃったのね。

おこづかい、みんな使っちゃってどうしよう……みたいな。

もっとくわしく

資源のある場所　原油・石炭・鉄鉱石

原油は、サウジアラビア、イランなどの西アジア地域、アメリカのメキシコ湾岸、ロシア、北海で多く産出する。石炭は、中国東北部、アメリカのアパラチア地方、インドなど、鉄鉱石は、中国、ブラジル、オーストラリアなどで多く産出する。

北海油田の採くつ　（ピクスタ）

参考

資源の輸入先…原油は約80%を西アジアの国々にたよっている。石炭は約60%をオーストラリアから、鉄鉱石は約90%をオーストラリア、ブラジルから輸入している（2011年）。

124

マメ知識

水力発電ではダムにためた水を高い位置から流し、水でタービンと連動した発電機を回して発電する。火力発電では石油、石炭、天然ガスを燃料として、原子力発電では核分裂の熱を利用して蒸気を発生させ、蒸気の力でタービンに連動した発電機を回して発電する。

石油がないなら、電気を使えばいいのに。

それはムリでしょ。

じつは、電気をつくるのにも石油が必要なんだよ。

おもな発電方法は、**水力、火力、原子力**の3つだ。

山間のダムにためた水の力を利用して発電するのが、水力発電だよ。

でも、大都市からは遠いよ。

ダムをつくるには長い年月がかかる。それに建設できる場所も限られてしまう。

黒部ダム　　　　（ピクスタ）

石油や石炭を燃やすことによって発電するのが火力発電なんだ。

海の近くにあるのね。

火力発電所。燃料の石油は、タンカーで運ばれる。　（ピクスタ）

火力発電は、二酸化炭素を大量に排出するから、地球温暖化を進めてしまうんだ。

それは困りますね。

参考　**水力発電の特色**…かつては日本の発電の中心だった。ダムは消費地からはなれているので、送電の際のロスが大きい。ダム建設に費用がかかり、環境にも影響がある。

第3章：日本の工業

マメ知識

2011年東日本大震災のとき福島第一原子力発電所で事故が起こり、大量の放射性物質が放出された。住民は長期にわたる避難生活をしいられ、農水産物が大きな被害を受けた。安定して電力を供給できるといわれてきた原子力発電だが、その存続をめぐり議論が高まっている。

「原子力発電は、ウランが核分裂するときの熱を利用して発電する。これも海の近くにあるんだね。」

「万が一にも事故が起こらないよう万全の対策をとる必要があるよ。」

原子力発電所　（朝日新聞社）

「日本の発電は水力中心から火力中心へと変わり、近年は原子力の割合も増えていたが……」

「福島第一原子力発電所で事故が起こった。」

「原発事故は取り返しがつかないね。」

日本の発電量の割合の移り変わり

年度	水力	火力	原子力
1970年度	22.3%	76.4	1.3
1980年度	15.9%	69.8	14.3
1990年度	11.2%	65.2	23.6
2000年度	8.9%	61.6	29.5
2011年度	8.7%	82.1	9.2

※地熱は火力にふくみ、そのほかの自然エネルギーは水力にふくむ。

入試に出る!

もっとくわしく　発電にもお国がら　世界各国の発電

発電能力が大きい発電方式は、水力、火力、原子力の3つであるが、各国の事情によって発電量の割合が異なる。アメリカやロシアなどでは、日本と同様、火力が中心となっている。中国では原子力があまり利用されていないが、反対にフランスでは、とくに原子力のしめる割合が大きい。水資源の豊富なカナダやブラジルでは、水力が大きな割合をしめている。

おもな国の発電量割合

国	水力	火力	原子力
アメリカ	6.5%	71.6	19.2
中国	17.2%	80.0	1.8
ロシア	16.2%	67.3	16.4
カナダ	57.8%	25.7	14.9
フランス	11.7%	11.0	75.3

（2010年）

参考

火力発電の特色…大消費地である工業地域の中につくることができ、送電中のロスが少ないが、大気汚染を引き起こし、地球温暖化の原因となる二酸化炭素の排出も多い。

第4節：環境問題とエネルギー資源

４ これからのエネルギー

環境問題が大きな課題となっている今、地球にやさしいエネルギーの研究・開発が進められている。新しいエネルギーの特色をおさえておこう。

マメ知識

地熱発電は、地下深くから300℃にもおよぶ高温の蒸気と熱水をとり出し、タービンを回して発電する。地熱は、二酸化炭素がほぼ発生しないクリーンなエネルギーである。地熱発電所は東北地方や九州地方の一地域に集中してあるが、発電量はまだ日本の総発電量の1％にも満たない。

大昔の湿原の植物

大昔の海にいたプランクトンの死がい

石炭

石油
天然ガス

石油や**石炭**が、もともとは小さな生き物や植物だったなんて……。

大昔のプランクトンの死がいや植物が土にうもれ、長い間に地圧と地熱の影響などを受けて石油や石炭に変わったんだ。

だから、石油や石炭を**化石燃料**というんだよ。

重要用語　**太陽光発電**…太陽電池を使って太陽光エネルギーを電気のエネルギーに変える。夜は発電できないほか、太陽電池パネルを並べる面積が必要となる。

第3章：日本の工業

マメ知識

化石燃料は、限りある資源なんだ。

いつかはなくなってしまうんだね。どうしよう……。

また、石油や石炭を燃やすと出る**二酸化炭素**は、**地球温暖化**の原因になっている。

二酸化炭素（CO_2）

暑いなぁ。

環境汚染の少ない**自然エネルギー**の開発も進められているんだよ。

太陽光や風力などを利用するのが、自然エネルギー発電なんだ。

太陽光発電設備　（ピクスタ）

風力発電設備（ピクスタ）

広いなぁ。

くり返し得られる**再生可能エネルギー**なのね。

太陽光発電や風力発電は、環境への影響が少ないクリーンなエネルギーである。しかし、これらのエネルギーにも問題点がある。発電能力が小さいことと天候などの自然条件に左右されやすいことである。設備費用も高いため、能力に見合った利用目的と設置場所を考える必要がある。

ほかにも地熱発電では、地下の高温の蒸気を利用しているんだよ。

地熱発電所（ピクスタ）

蒸気が出ているわ。

風も光も地熱もかれることはないですね。

再生が可能で、環境にもやさしいんだよ。

魅力的！

重要用語

風力発電…風で風車を回し，風車につながった発電機を回して発電する。風の状況によって発電は左右されるため，安定して電気をつくることができない。

要点整理と重要事項のまとめ ⑥

3. 工業の特色

①日本の工業の特色
- 日本でさかんな工業…重化学工業。とくに自動車工業などの機械工業、鉄鋼業、ICなどをつくる電子工業がさかん。
- 日本の工場…従業員300人以上の大工場と、従業員299人以下の中小工場に分けられる。中小工場の数が多い。
- 日本の工業の変化…第二次世界大戦前は軽工業が中心。戦後は重化学工業が発達した。石油危機ののち、知識集約型の工業に転換。

②日本の工業の今とこれから
- 日本の産業の空洞化…海外に工場を移す企業が増えた結果、国内では、閉鎖される工場が増加した。
- 海外に工場を移す理由…労働者の賃金や材料費が安く、製品を安くつくれるから。
- ユニバーサルデザイン開発…だれもが使いやすいデザインの製品をつくる。
- リサイクル…使われなくなった製品の部品やペットボトルなどの資源ごみを再生利用。

4. 環境問題とエネルギー資源

①公害の発生、公害との戦い
- 公害…生産活動によって、人の健康や環境に悪影響がでること。
- さまざまな公害…大気汚染、水質汚濁、土壌汚染、そう音、悪しゅう、しん動、地盤沈下など。
- 四大公害病…水俣病、イタイイタイ病、四日市ぜんそく、新潟水俣病。

②環境問題への取り組み
- 法律の制定…1967年に公害対策基本法、1993年に環境基本法が制定された。
- 環境庁…1971年に設置された。2001年に環境省となる。
- 新たな環境問題…環境ホルモンやダイオキシン。

③日本の資源・エネルギー事情
- 日本のエネルギー・鉱産資源…原油や石炭など、ほとんどを輸入にたよる。
- 発電の種類…おもなものに水力発電、火力発電、原子力発電がある。

④これからのエネルギー
- 自然エネルギーの開発…太陽光発電、風力発電、地熱発電など再生可能エネルギーの利用へ。

重要事項の一問一答 ⑥

❸ 工業の特色

（▼答え記入らん）

① 日本で最もさかんな重化学工業は何ですか。

② 日本の工場で，従業員が300人以上の工場を何といいますか。

③ 第二次世界大戦後，日本で著しく発達した工業は軽工業ですか，重化学工業ですか。

④ だれもが使いやすいように考えられたデザインを何といいますか。

⑤ 使われなくなった製品を回収し，資源として再生利用することを何といいますか。

❹ 環境問題とエネルギー資源

（▼答え記入らん）

① 生産活動によって，人の健康や環境に悪影響がでることを何といいますか。

② 四大公害病のうち，有機水銀が原因で熊本県や鹿児島県で発生した公害病は何ですか。

③ 1993年に制定された，公害などの環境問題について定められた法律は何ですか。

④ 環境問題や自然保護に取り組むため，1971年に設置された役所を現在は何といいますか。

⑤ 日本では，原油や鉄鉱石などのエネルギー・鉱産資源をどのように入手していますか。

⑥ 近年，日本でおもに行われている発電方法は，水力発電，火力発電ともう1つは何ですか。

⑦ 地球温暖化を進めてしまうとして問題になっているのは，どのような発電方法ですか。

⑧ 発電に利用される太陽光，風力，地熱などの，環境にやさしいエネルギーを何といいますか。

答え
❸ ①機械（自動車）工業　②大工場　③重化学工業　④ユニバーサルデザイン　⑤リサイクル
❹ ①公害　②水俣病　③環境基本法　④環境省　⑤輸入　⑥原子力発電　⑦火力発電
　⑧自然エネルギー（新エネルギー，クリーンエネルギー，再生可能エネルギー）

第4章 日本の貿易・交通・通信

外国と品物を売り買いする貿易と、急速に発達した交通、情報通信について学ぼう。

第1節：日本の貿易

1 日本の貿易の特色

外国との間で品物の売り買いをすることを、貿易という。日本の貿易にはどんな特色があるだろうか。また、日本の貿易は、どのように移り変わってきたのだろうか。

「日本は、石油でも鉄鉱石でも、何でも外国から買っちゃうんだね。すごいや。」

「う〜ん。それでいいのかしら？」

「ベンケー先生、教えてください。」

「ヨッシー、おこづかいでたくさん買い物をしたらどうなる。」

「国も同じだ。輸入ばかりしていると、お金がなくなっちゃう。輸出もしなきゃね。」

「外国から物を輸入したり、外国へ物を輸出したりすることが貿易だ。日本の貿易は、明治時代からさかんになったんだ。」

「1880年代には、製糸、織物などのせんい工業が発展し、輸出もさかんになっていったんだよ。」

「きれいでしょ。絹です。」

「ワンダフル！」

重要用語 **関税**…おもに輸入品にかかる税金。安い輸入品に高い関税をかけると、外国製品が国内で売れにくくなり、同じ製品をつくる国内の産業を守ることができる。

第4章：日本の貿易・交通・通信

原材料の綿花を輸入して、綿糸に加工し、中国や朝鮮に輸出していた。

原材料を輸入し、日本国内で加工して、製品を輸出する。このような貿易を**加工貿易**と呼んでいる。

重要

第二次世界大戦をはさんで1950年代半ばまでは、こうした軽工業の製品が輸出の中心だった。

せんい品

その後、重化学工業が発達し、その製品である鉄鋼や自動車などが輸出の中心になった。

鉄鋼
自動車

現代の日本は、どのような貿易をしているんですか。

1970年ごろは、鉄鉱石、原油、石炭などの原料、燃料を大量に輸入し、製品に加工して輸出していたんだ。

加工貿易ですね。

自動車
鉄鋼
原油
鉄鉱石
石炭

マメ知識

1880年代、生糸や絹織物の輸出によって得た利益で綿花や紡績機を輸入し、綿糸を生産した。日清戦争前、綿糸は朝鮮に輸出された。日清戦争後は台湾、中国（清）へとさらに市場を広げた。1909年には生糸の輸出が、1933年には綿織物の輸出が世界第1位となった。

参考

貿易の影響…明治時代、貿易が活発になると、生糸を生産するための養蚕業はさかんになったが、アメリカやインドなどから安い綿花が輸入されたために、綿の栽培はおとろえた。

マメ知識

第二次世界大戦で打げきを受けた日本の工業は、1950年に起こった朝鮮戦争の際、アメリカ軍から物資の大量注文を受けて好景気となり、これをきっかけにめざましい復興をとげた。おもにトラックや自動車部品、鉄鋼などが輸出された。

現在の貿易では、以前に比べ、**機械類**や、肉・魚などの食料品の輸入が増えているよ。

おいしいー。

和食のうどんといっても…。

天ぷらうどんの材料のほとんどが輸入されているんだって。

（コンピュータ、IC、小麦、とうもろこし、鉄鉱石、衣類、えび、魚、家電製品、牛肉、天ぷらうどん）

衣類も、かつてはほとんど国内でつくっていたけど、近年は輸入されるものが多くなった。

どうして？

中国など、労働力の豊富な国で安い製品がつくられるようになったからなんだ。

メイドインチャイナね。

一方、輸出しているのも**機械類**が多い。高い技術を要するコンピュータやICなどの電子部品、**自動車**などが輸出の中心なんだ。

コンピュータは輸入もしているのね。

加工貿易とはいえないわけだね。

（コンピュータ、テレビ、IC、デジタルカメラ、自動車）

重要用語

加工貿易…鉱産資源にめぐまれない日本は、原料を輸入し、工業製品に加工して輸出するという典型的な加工貿易によって、高度経済成長期の経済を発展させた。

第4章：日本の貿易・交通・通信

マメ知識

日本の輸出入品の移り変わり

輸出

1934〜36年平均 25億円
- せんい品 57.6%
- 機械類 3.1
- 金属製品 2.3
- 鉄鋼 2.6
- 魚介類 2.9
- その他

1970年 6兆9544億円
- 船ぱく類 7.0
- 精密機械 3.5
- 機械類 22.7%
- 鉄鋼 14.7
- せんい品 12.5
- 自動車 6.9
- その他

2012年 63兆7476億円
- 精密機械 3.4
- 機械類 38.0%
- 自動車 14.5
- 鉄鋼 5.5
- 自動車部品 5.0
- その他

輸入

1934〜36年平均 25億円
- 石油 6.2
- 鉄鋼 4.5
- せんい原料 39.8%
- 肥料 4.1
- その他

1970年 6兆7972億円
- 石炭 5.3
- 木材 9.1
- 石油 14.8%
- 8.3
- 機械類 6.4
- 鉄鉱石
- せんい原料 5.1
- その他

2012年 70兆6886億円
- 衣類 3.8
- 石炭 3.3
- 石油 20.8%
- 機械類 19.0
- 液化ガス 9.9
- 医薬品 2.7
- その他

第二次世界大戦をはさんで、日本の工業の中心が**軽工業**から**重化学工業**に移っていったことがわかるね。

1970年以降、機械類と自動車の割合が、ぐんと増えているね。

1973年の石油危機以降、輸出される機械類は、コンピュータや電子機器が増加しているんだよ。

現在の日本の輸出品は、全体の約65％が機械・機器類である。代表的なものは自動車、コンピュータ、ICなどの電子部品、自動車部品など。いずれの製品も、日本が石油危機後、高度な技術を必要とする工業中心に変わったことをよく表している。

1970年までは輸入した金額と輸出した金額は、ほとんど同じくらいね。

近年、アジアの工業化が進み、アジアの国々からの機械類の輸入が増えたんだ。

でも、2012年は輸入のほうが多いわ。貿易赤字なんですね。

参考 **製品輸入**…近年、韓国や中国、東南アジアの国々が工業化を進め、品質のよい製品をつくるようになると、国内でつくるよりも割安なことから製品輸入の割合が増加した。

第1節：日本の貿易

2 日本の貿易のおもな相手国

近年の日本の貿易には変化が見られる。貿易額の多い相手国はどこだろう。また、相手国によって、輸出する物、輸入する物はどうちがうのだろうか。

> 下の地図中の円グラフは、日本と世界各国との貿易額を表している。日本にとって最大の貿易相手国はどこだろう。

> 中国がいちばん大きいよ。

> アメリカもすごく大きいよ！！

> 円が大きいほど、その国との貿易がさかんということだよ。

日本のおもな貿易相手国

- イギリス 16471
- オランダ 16817
- ロシア 26652
- ドイツ 36317
- 中国 265479
- 韓国 81450
- カナダ 18314
- フランス 15576
- カタール 29831
- アメリカ合衆国 172704
- スイス 10053
- イタリア 10567
- 香港 33976
- （台湾）55938
- クウェート 13682
- インド 14038
- フィリピン 16913
- サウジアラビア 50328
- メキシコ 11953
- パナマ 11583
- アラブ首長国連邦 42251
- マレーシア 40340
- タイ 53746
- シンガポール 25589
- ベトナム 20607
- ブラジル 14250
- インドネシア 41951
- オーストラリア 59744

日本の輸入　日本の輸出　(2012年)
数字は輸出入総額で、単位は億円

マメ知識

世界の貿易は、それぞれの国が資源や技術をいかし、得意なものを中心に生産して輸出する国際分業が進んでいる。しかし、資源や技術にめぐまれている国とめぐまれていない国があり、国家間で差が生じている。

参考　世界最大の工業国…アメリカでは、五大湖沿岸で鉄鋼業や自動車工業が発達。近年は、サンベルトと呼ばれる南の地域で航空宇宙産業や電子工業などが発達している。

135 第4章：日本の貿易・交通・通信

アメリカは、長い間日本の最大の**貿易相手国**だったよ。現在は、中国についで2番目だよ。

入試に出る！

アメリカとの貿易（2012年）

アメリカへの輸出（11.2兆円）
- 機械類 39.1%
- 自動車 27.1
- 自動車部品 6.9
- 航空機部品 2.3
- 鉄鋼 2.3
- その他

アメリカからの輸入（6.1兆円）
- 機械類 25.0%
- 航空機類 7.2
- 科学光学機器 5.8
- 医薬品 5.6
- とうもろこし 5.1
- その他

航空機やとうもろこしの輸入が多いんだね。

マメ知識
輸送関係の機器をはじめ機械類の輸出が多いのね。

日本は多くの農産物をアメリカから輸入しているんだよ。

おもな農産物の輸入相手国（輸入額順）（2012年）

小麦
- アメリカ 52.9%
- カナダ 27.6
- オーストラリア 19.3
- その他

大豆
- アメリカ 61.6%
- ブラジル 19.5
- カナダ 16.3
- 中国 2.5

綿花
- アメリカ 28.8%
- ブラジル 21.1
- オーストラリア 18.3
- ギリシャ 8.0
- その他

パンが食べられるのも小麦のおかげ。

大豆の約5分の3はアメリカから輸入されているわ。

日本の食料自給率は約40％。世界一の食料輸入国である。理由として、第二次世界大戦後の洋食化で小麦の消費量が増えたこと、円高で外国の食料を輸入したほうが安いこと、貿易黒字を減らすために農産物の輸入自由化を行ったことなどがあげられる。

もっとくわしく　食料輸入と安全性　残留農薬とBSE

2002年、中国から輸入された冷とうほうれんそうに、日本の基準値以上の農薬が残っていることがわかった。その後も、中国産の野菜からは、たびたび残留農薬が発見されている。2003年には、アメリカでBSEに感染した牛が確認された。BSEは、いまだに治療法がない。日本はアメリカ産牛肉の輸入を禁止したが、その後アメリカからの要請で段階的に解禁した。

輸入食品の検査　（朝日新聞社）

参考
世界の食料庫…アメリカでは、小麦やとうもろこし、大豆など多くの農産物が大量生産されており、世界の食料庫（基地）と呼ばれている。食料品の輸出量は世界一。

マメ知識

2009年にアメリカに代わり中国が日本の最大の貿易相手国になった。アメリカとの差は年々拡大している。中国が世界第2位の経済大国に成長したためだが、日本の企業が中国に生産拠点を移し、部品を中国に送り完成した製品を逆輸入するしくみが多いことも大きい。

1970年代後半からは、日本からアメリカへの**輸出額が輸入額を相当上回っている**。日本の黒字が多いことが問題になっている。

入試に出る!

日本とアメリカとの貿易額の変化

（兆円、1970〜2012年）
- アメリカへの輸出
- 日本の貿易黒字
- アメリカからの輸入

輸入、輸出とも最大の相手国の中国だね。こちらは輸出より輸入のほうが多い。

中国からは、**機械類**のほか、**衣類**や**がん具**が多く輸入されているんですね。

中国との貿易（2012年）

中国への輸出 11.5兆円
- 機械類 44.5%
- 科学光学機器 5.8
- 自動車部品 5.2
- その他
- プラスチック 5.0
- 有機化合物 5.2

中国からの輸入 15.0兆円
- 機械類 42.8%
- 金属製品 2.9
- 衣類 13.7
- がん具 2.6
- 家具 2.3
- その他

韓国からは、電子部品などの機械類や鉄鋼が輸入されている。

韓国からの輸入品（2012年）3.2兆円
- 機械類 29.1%
- 石油製品 24.2
- 鉄鋼 9.4
- プラスチック 3.6
- 有機化合物 3.0
- その他

韓国から輸入されたキムチや韓国のりは日本でもたくさん食べられているのよ。

ワカちゃん、グルメなんだ。

ぼくも…

参考　ルックイースト政策…マレーシアは，1980年代から「look east（東を見よ）」，つまり日本や韓国の経済発展を手本にしようという政策をとり，工業製品の輸出国となった。

137 第4章：日本の貿易・交通・通信

マメ知識

マレーシアの輸出品の変化

1975年 38億ドル
| 天然ゴム 22.0% | パーム油 14.3 | すず 13.3 | 木材 12.0 | 原油 9.3 | その他 29.1 |

2011年 2270億ドル
| 機械類 37.5% | その他 |
石油製品 4.9／原油 4.7／パーム油 7.7／液化天然ガス 7.2

> マレーシアは、かつては天然ゴムやパーム油などの**資源の輸出国**だった。でも、1980年代から工業化を進め、**機械類の輸出国**に変わっていったんだ。

「別の国みたい…。」

マレーシアからの輸入品（2012年） 2.6兆円
- 液化天然ガス 41.0%
- 機械類 18.4
- 石油製品 13.5
- 原油 3.7
- 合板 2.8
- その他

タイからの輸入品（2012年） 1.9兆円
- 機械類 31.3%
- その他
- 魚介類 6.7
- 肉類 5.3
- 天然ゴム 4.1
- プラスチック 4.1
- 金属製品 3.5

> 日本がアジアの国々に工場を建て、現地でつくった製品を輸入することも、東南アジアの国々の機械類の輸出が増えた理由の1つなんだ。

日本の鉱産資源のおもな輸入先（輸入額順）（2012年）

石炭
| オーストラリア 62.7% | インドネシア 15.2 | カナダ 7.3 | ロシア 6.2 | その他 |

原油
| サウジアラビア 32.9% | アラブ首長国連邦 21.8 | カタール 10.6 | クウェート 7.5 | その他 |

鉄鉱石
| オーストラリア 56.6% | ブラジル 32.6 | 南アフリカ共和国 5.1 | その他 |

> 原油は、大部分を西アジアの国々から、石炭と鉄鉱石の半分以上は、オーストラリアから輸入しているんだよ。

近年、海外に工場を移し、生産された製品を輸入する日本の企業が増えている。中国や東南アジアの国々など、土地代や材料費、労働者の賃金が安い国に工場をつくることで生産にかかる費用を減らすと、日本国内でつくるよりも安い製品を生産できるからである。

外国から原料が輸入できなくなったら、日本の重化学工業は成り立たなくなっちゃうね。

参考
オーストラリアの輸出品…オーストラリアは、石炭、鉄鉱石、ボーキサイトなどの鉱産資源にめぐまれており、世界各国に輸出している。日本は2番目の輸出相手国。

第1節：日本の貿易

❸ 日本の貿易の問題点

日本の経済は貿易に負うところが大きい。貿易のバランスがくずれ，外国との間に問題が起きたり，円高や円安によって，貿易に大きな影響を受けたりすることがある。

マメ知識

1980年代，日本の自動車輸出が増えた結果，アメリカやヨーロッパの国々との貿易摩擦が起こった。輸出先の国の自動車工業がふるわなくなるなどの問題が生じたため，日本は輸出を制限した。さらに，輸出先の国に工場をつくり，現地の人々が働く場をつくるなどして問題の解消をはかった。

「たとえば日本の輸出額が輸入額より多いってことは，日本がもうかっているってことですか？」

「そうだね。**貿易黒字**って呼ばれているよ。」【重要】

「しかし，貿易赤字の国は，国内の産業がふるわなくなってしまうから，黒字の国に輸出の制限や輸入の拡大を求めたりする。これが**貿易摩擦**という問題だ。」【重要】

「もっと買ってくださーい。」

「ごめんね ポリポリ…」

「**円高、円安**って，よく聞くけど何ですか？」

「日本のお金と外国のお金との価値の変化のことだ。」

「アメリカとの取り引きで使うドルは，昔は1ドル＝360円と決まっていた。」

「アメリカで1ドルの値段で売っているこの本を，日本の円で買うなら，360円です。」

参考

貿易摩擦の解消策…輸出の自主規制や海外現地生産のほか，外国の企業に対する規制をなくす規制緩和，国内の消費を高めて輸入品が売れるようにする内需拡大がある。

第4章：日本の貿易・交通・通信

ところが、その後、そのときのお金の価値に合わせて上げたり、下げたりすることになった。これを**変動相場制**というんだ。

「1ドルが110円になった。」
「昨日は120円だった。」
「毎日変わるものさ。」

「安くなった。円の価値が上がったんだね。」
「この本は、日本の円で買うと110円になりました。」

円高になって、1ドルが110円から105円になると…。
「輸入業者は、1ドルにつき5円安く買えるゾ。」
「輸出業者は、1ドルにつき5円利益が減った！」

円安になって、1ドルが110円から115円になると…。
「輸入は5円よけいにはらうのか。」
「輸出は5円多くもうかった。」

このように、円高、円安は、貿易に大きな影響をあたえる。

「先生、**貿易の自由化**ってなんですか？」
「輸入品・輸出品にかかる税金（**関税**）の制限などをなくすことだよ。」

日本では、アメリカなどの要求で、1991年に牛肉とオレンジ、1999年に米の輸入が自由化された。

でも、安い品物が入ってくると、国内の品物が売れないという問題もあるんだ。

マメ知識

輸入制限をなくし、外国と自由に貿易を行うことを輸入の自由化という。日本は、農家を守るために農作物の輸入を制限してきたが、アメリカは輸入の自由化を要求した。牛肉とオレンジの輸入が自由化されると、畜産農家とみかん農家は経営が悪化し、生産額や生産量が減った。

参考

為替相場…各国の通貨同士の交換比率のことを外国為替相場（為替レート）という。外国為替の取り引きは銀行や証券会社が行い、さまざまな要因で相場が変動する。

第2節：日本の運輸と情報通信

1 さまざまな輸送手段

輸送には，人を運ぶ旅客輸送と，品物を運ぶ貨物輸送とがある。人や品物を運ぶ輸送は，産業の発展を支えている。輸送手段には，どんな種類があるのだろうか。

マメ知識

輸送手段ごとに，輸送した貨物の重量（重さ）を合計すると，全体の90％以上がトラックによる輸送となる。トラック輸送の利点は，輸送時間が短くてすむうえ，戸口から戸口へと荷物を運ぶことができ，積みかえの必要がないことである。

荷物が積みこまれるトラック　（朝日新聞社）

いろんな品物は、どうやって運ばれるの？

品物によってちがうんだよ。

空から見ようよ！

よし、七つ道具だ。

出荷するジュースの箱だね。

宅配便のトラックね。

真夜中だね。

自動車を運ぶキャリアカー　（ピクスタ）

自動車が、自動車を運んでる！

参考　専用車の分化…生鮮食料品を運ぶ保冷トラックや冷とうトラックが増えているほか，自動車や鉄道車両を運ぶトレーラーもある。

141　第4章：日本の貿易・交通・通信

マメ知識

航空輸送は輸送費が割高だが、輸送手段のなかで最も早く運べるという長所がある。貿易品は船で運ばれることが多いが、最近は高価な電子部品や機械類、生鮮まぐろなどの輸出入に航空機が多く使われている。国内輸送でも、魚や野菜が運ばれるほか、航空宅配便の利用が広がっている。

自動車は戸口から戸口へ、目的地まで積みかえをしないで運べるから便利なんだね。

鉄道は駅から駅までで、運べる場所が限られるもんね。

時間は正確なんだけど…。

青函トンネルを通りぬける貨物列車　（ピクスタ）

船は大量輸送に向いているよ。時間はかかるけどね。

大量のコンテナを運ぶ船　（ピクスタ）

輸出される自動車を運ぶ船　（朝日新聞社）

自動車を運んでるよ。

輸出されるのね。

ここは、空港ね。

飛行機で運ぶんだ！

航空機はIC（アイシー）など、軽くて価格の高い品物を運ぶんだ。

輸送用の飛行機に積みこまれるコンテナ　（ピクスタ）

参考

海運…重くかさばる貨物を、安く大量に運べるのが船である。貨物の積みおろしが簡単なコンテナ船が多く使われる。原油や天然ガス、鉄鉱石、自動車専用の船もある。

第2節：日本の運輸と情報通信

② 輸送手段の移り変わり

かつては，人の輸送は鉄道が，貨物の輸送は船が中心だった。現在は，どちらの輸送も自動車が中心となり，航空輸送も増えている。輸送手段はどう変わってきたのだろうか。

輸送手段の変化

貨物（1960年度〜09）：鉄道・自動車・船・航空機

旅客（1960年度〜09）：鉄道・自動車・航空機・船

1960年代の貨物輸送は、**鉄道**や**船**が中心だったのね。

自動車の利用がぐんぐん増えてきたのがわかるね。

日本のおもな高速道路もう（2013年）

道央自動車道／北陸自動車道／中国自動車道／九州自動車道／東北自動車道／関越自動車道／中央自動車道／東名高速道路／名神高速道路／山陽自動車道／沖縄自動車道

おもな都市：旭川・札幌・小樽・室蘭・帯広・青森・八戸・秋田・盛岡・仙台・山形・北上・新潟・いわき・上越・郡山・富山・東京・甲府・京都・大阪・岡山・松江・高松・高知・広島・名古屋・徳島・福岡・大分・熊本・鹿児島・松山・那覇

高速道路は、各地の人口の多い都市を結んでいるのね。

高速道路の整備が進んだことも、自動車の利用を高めた理由の1つだよ。

> **マメ知識**
> 貨物輸送や旅客輸送を計算する場合は、それぞれ「輸送トンキロ」と「輸送人キロ」という単位がおもに使われる。「輸送トンキロ」は「輸送した貨物のトン数×輸送したきょり」で、「輸送人キロ」は「輸送した旅客の人数×輸送したきょり」で求められる。左のグラフもこれによる。

参考　トラック輸送の問題点…鉄道や船に比べて一度に運べる貨物の量が少ないこと、交通渋滞を引き起こすこと、大気汚染・そう音などの環境問題がある。

第4章：日本の貿易・交通・通信

マメ知識

交通問題の解決策の1つとして、モーダルシフトがある。出発点から目的地まで、すべての道のりをトラック輸送していた貨物を、とちゅうで鉄道や船に変えたり、そのままトラックを積みこんだりして輸送する方法。二酸化炭素やエネルギーの消費をおさえることができる。

日本のおもな鉄道もう（2013年）

凡例：
- 新幹線
- おもなJR線

秋田新幹線、山形新幹線、上越新幹線、長野新幹線、山陽新幹線、東北新幹線、東海道新幹線、九州新幹線

主要都市：稚内、網走、札幌、釧路、新青森、八戸、盛岡、秋田、仙台、山形、新潟、福島、長野、名古屋、東京、京都、大阪、広島、博多、新八代、鹿児島中央

自動車は大気汚染や交通渋滞を引き起こすから、最近はなるべく鉄道や船を利用しようとする動きもあるんだ。

新幹線は、東京を中心に各地へのびているのね。

日本のおもな空港（2013年）

凡例：
- ✈ 乗降客数の多い空港

主要空港：新千歳、大阪国際（伊丹）、名古屋、広島、福岡、鹿児島、成田国際、東京国際（羽田）、関西国際、那覇

各地に空港が整備され、大都市と地方との移動時間が短縮されたんだよ。

ぼくは、先生のドコデモワープのほうが便利だと思うけど…。

ウ～ム

もっとくわしく

海上空港の建設　各地に登場

1994年、関西国際空港が、大阪府泉佐野市沖に開港した。海上の人工島に建設されているのでそう音の心配が少なく、24時間の利用が可能。せまい平野に住宅が密集している日本では、空港用地の確保が難しい。そのため、関西国際空港に続いて開港した、愛知県の中部国際空港、兵庫県神戸市の神戸空港も海上空港である。

関西国際空港　（ピクスタ）

参考

鉄道の利点……一度に大量の貨物を運べること、おくれがほとんどないこと、トラック輸送に比べて必要なエネルギーが少ないこと、二酸化炭素の排出が少ないことなど。

第2節：日本の運輸と情報通信

③ 発達する情報通信

インターネットや携帯電話などの発達により，現代は情報社会と呼ばれている。情報社会は，大量の情報を手軽に得られるという利点があるが，問題点も少なくない。

インターネットのしくみ
複数のコンピュータを，電話回線などで結ぶ世界的規模の情報ネットワーク。プロバイダと契約して利用する。

（海外ネットワーク／国内ネットワーク／プロバイダ／パソコン）

インターネットなどの通信技術が発達した現代は，**情報社会**と呼ばれているよ。【重要】

インターネット大好き!!

インターネットは，ウェブページを利用して情報を入手したり，発信したりできるんだ。

電子メールで，文章や画像などのやり取りができるの!!

マメ知識

インターネットとは、世界中のコンピュータを結んだ通信のこと。もうひとつの巨大なネットワーク。ふつうは、プロバイダと呼ばれる接続業者と契約し、料金を支はらって利用する。電話回線などを利用した複数のコンピュータネットワークが、さらにたがいに接続された巨大なネットワーク。

参考
IT革命…ITとは情報技術のこと。コンピュータの発達とインターネットの普及によって，人々の生活が大きく変わることをIT革命と呼んでいる。

145　第4章：日本の貿易・交通・通信

マメ知識
ウェブページとは、インターネット上で見ることができる情報画面のこと。ふつう、ウェブページをまとめたウェブサイトで公開される。文書や音声、画像などを組み合わせて表せる。インターネットに接続することによって、世界中のあらゆるウェブページを見ることができる。

これがほしいんだね。

商品を注文して、宅配便で配達してもらうこともできるのよ。

インターネットで、銀行口座の残高を確かめたり、お金をふりこんだりできる。これを**インターネットバンキング**というんだ。

携帯電話でも、インターネットが利用できるよ。

写真をとって送ることもできるものね。インターネットって便利!!

インターネットや携帯電話で、世界中の人とつながってるなんて、ほんとすごいよね!!

もっとくわしく
高速・大量通信を可能にする
光ファイバー

光は1秒間に約30万kmのきょりを進む。光を利用して、大量の情報を高速で送れるようにした通信ケーブルが、光ファイバーだ。光ファイバーは、直径0.1mm程度のガラスせんいで、その中を光が進んでいく。光は、光ファイバーの中を反射しながら進み、おとろえることがない。情報社会の進歩にともなって、光ケーブル通信もうが広がっている。

光ファイバーケーブル　（ピクスタ）

参考　**電子メール**…インターネットを利用して文書，画像，音声，データ（プログラム）などを送受信するシステム。Eメール，単にメールともいう。

マメ知識

インターネット上の情報の多くは、発信者からの一方的な情報である。どんな情報を発信するかは発信者が決めるため、都合のよい情報やあやまった情報が発信される可能性がある。受信者は情報が事実かどうかを見きわめて、正しい判断をする必要がある。

情報社会はすばらしいけど、問題点もあるんだよ。

インターネット上には、まちがった情報もあるんだ。これは、大きな問題だね。

う〜ん　本当かなぁ？

たとえば、本なら、著者や編集者、出版社が責任をもって正しい情報を伝えようとしている。

ところが、インターネット上の情報は、だれも内容をチェックしていないこともある。

おもしろいけれど　いいじゃん　ヒヒヒ……

情報を受け取る側も、その情報が正しいかどうかを判断できることがだいじなんだよ。

情報を発信する側も、正確な情報を送らないといけないよ。

う〜ん　勉強しなくちゃ……

参考 **情報社会**…情報化社会ともいう。インターネットなどの発達によって、多くの情報を短時間で容易にやり取りできる。情報は重要な役割を果たし、活用されている。

第4章：日本の貿易・交通・通信

マメ知識

正しい情報を知る方法として、だれが、いつ、どこで発信した情報なのかをできるかぎりつかむこと。事実であるかどうかを確認できる情報かどうかをつかむこと。目的は何かをつかむこと。何についての情報なのか、その情報の複数の情報を比較検討することなどがあげられる。

また、ネット上にある画像などが無断で使われることもある。

「おっ、この写真使っちゃおう。」

「あれっ!? この写真、なぜこんなところに使われているんだろう？」

個人の情報や秘密が勝手に流されることがあるのも問題だ。

「えーっ?! なぜこんなことが!?」

（氏名・住所・TEL）

また、**コンピュータウイルス**のせいで、情報がこわれてしまうこともあるんだ。気をつけないとね。

「パソコン食べちゃうゾ。」

いろんなことがわかりました。ありがとう、先生。

いや、ぼくもあらためて地球のことがよくわかったよ。

じゃ、また会おうね。

「えっ」「あっ」

参考

コンピュータウイルス…インターネットなどを通じてコンピュータに入りこみ、ファイルをこわすなどする。コンピュータからデータを流出させるウイルスもある。

要点整理と重要事項のまとめ ⑦

1.日本の貿易

①日本の貿易の特色
- **加工貿易**…外国から**原材料を輸入**し、国内で**加工**して、製品を輸出すること。
- **輸入品の変化**…第二次世界大戦前は**せんい原料**の輸入が多い。戦後は**重化学工業の原料**の輸入が増加。近年は工業製品の輸入が増えている。
- **輸出品の変化**…第二次世界大戦前は**せんい品**などの輸出が大半をしめる。戦後は**重化学工業の製品**の輸出が中心。

②日本の貿易のおもな相手国
- **アメリカとの貿易**…中国についで**第2位の貿易相手国**。輸出品は**機械類**、**自動車**が多い。輸入品は**機械類**、**航空機類**が多い。
- **中国との貿易**…**最大の貿易相手国**。輸入品は**機械類**が多い。**衣類**にも注目。輸出品は**機械類**、**鉄鋼**が多い。
- **鉱産資源の輸入先**…原油は**西アジアの国々**から、石炭と鉄鉱石の半分以上は**オーストラリア**から輸入。

③日本の貿易の問題点
- **貿易摩擦**…日本の**輸出額が輸入額を大きく上回ったこと**により生じる。現地生産や輸入の自由化で対応する。
- **円高，円安**…外国の通貨に対し、円の価値が高くなることを円高、低くなることを円安という。
- **貿易の自由化**…関税などの**輸入や輸出に関する制限をなくすこと**。

2.日本の運輸と情報通信

①さまざまな輸送手段
- **さまざまな輸送手段**…**自動車**、**鉄道**、**船**、**航空機**など。

②輸送手段の移り変わり
- **輸送手段の変化**…鉄道、船から**自動車中心**に変わる。
- **輸送の高速化**…**新幹線**や**高速道路**の整備、**空港**の建設によって、輸送が高速化した。

③発達する情報通信
- **インターネットの発達**…**ウェブページ**や**電子メール**で情報のやり取りが、短時間で容易に行える。
- **情報社会**…大量の情報が生産され、その利用が重視される社会。**インターネット**や**携帯電話**などの通信技術が発達したことによって実現。
- **情報社会の問題点**…あやまった情報のはんらんや個人情報の流出など。

重要事項の一問一答 ❼

❶ 日本の貿易

（▼答え記入らん）

①原材料を輸入して，製品に加工し，輸出することを何といいますか。

②第二次世界大戦前，さかんだった工業の原料として多く輸入されていたものは何ですか。

③第二次世界大戦後，輸出の中心となった石油化学工業や鉄鋼業などの工業を何といいますか。

④機械類や航空機類の輸出が多い，日本の重要な貿易相手国はどこですか。

⑤近年貿易額がとくにのびている，日本の最大の貿易相手国はどこですか。

⑥輸出額と輸入額の差が大きくなって，日米間で生じたような貿易問題を何といいますか。

⑦先月は1ドルが110円だったのに，今月は120円になったとすると，円高ですか円安ですか。

⑧輸入品にかけられる関税などの輸入制限をなくすことを貿易の何といいますか。

❷ 日本の運輸と情報通信

（▼答え記入らん）

①1960年代のおもな輸送手段は，鉄道ともう1つは何でしたか。

②近年，旅客輸送・貨物輸送ともに輸送手段の中心となっているのは何ですか。

③世界中のコンピュータを結んだ通信もうのことを何といいますか。

④インターネットや携帯電話などが発達し，情報が大きな役割を果たす社会を何といいますか。

⑤コンピュータに入りこみ，ファイルをこわすなどするものを何といいますか。

答え ❶ ①加工貿易　②せんい原料　③重化学工業　④アメリカ（合衆国）　⑤中国（中華人民共和国）　⑥貿易摩擦　⑦円安　⑧（貿易の）自由化　❷ ①船　②自動車　③インターネット　④情報（化）社会　⑤コンピュータウイルス

(3) 食生活が豊かになってきた一方で、日本の食料自給率は低下しているという問題があります。
　① 次のイ～ホの中から、現在の穀物自給率に最も近いものを選び、記号で答えなさい。
　　イ　90％　　ロ　70％　　ハ　50％
　　ニ　30％　　ホ　10％

　② 漁獲量も減少しています。特に遠洋漁業は、多くの国が漁業資源の管理を主張し、他国が自由に魚をとることができない水域を設けたので、大きな打撃を受けています。この水域は沿岸からどれくらいの距離に設定されていますか。次のイ～ホの中から１つ選び、記号で答えなさい。
　　イ　約22km　　ロ　約200km　　ハ　約370km
　　ニ　約500km　　ホ　約740km

　③ 国内での漁獲量を回復させる対策として、魚や貝をたまごから育て、川や海に放流し、大きくなったものを漁獲する方法を何といいますか。

(4) 交通の発達により、目的地までの時間が大幅に短くなり、日本から南半球の遠いところへも、人や物を運ぶことが容易になりました。右の地図は南半球を示したものです。次のイ～ホの中で、地図中に見える大陸をすべて選び、記号で答えなさい。
　イ　ユーラシア大陸　　ロ　アフリカ大陸
　ハ　北アメリカ大陸　　ニ　南アメリカ大陸
　ホ　オーストラリア大陸

(5) 自動車の普及により日常生活が便利になっています。日本の自動車工業について、次のイ～ニの中から正しくないものを１つ選び、記号で答えなさい。
　イ　自動車工業では、必要なものを、必要な時に、必要な量だけ調達して生産するというやり方がとられている。
　ロ　自動車工業では、コンピュータやロボットが取り入れられ、効率よく安全に組み立てられている。
　ハ　自動車をつくるためには、１台について２～３万もの部品が必要で、大小たくさんの工場や会社が関わっている。
　ニ　自動車のほとんどの部品は、人件費の安い中国や東南アジアの国々でつくられ、日本で組み立てられている。

入試問題にチャレンジ ①

1
私たちの暮らしは，時代とともに変化してより便利なものになってきました。生活の変化について，次の問いに答えなさい。

(雙葉中)

(1) 外国から輸入したものが私たちの生活のさまざまな場面で使われ，輸入相手国も変化してきました。次の表は1990年，2000年，2012年の日本の輸入相手国・地域の上位5つとその割合を示したものです。表中のA～Cのうち，Aの国はどこですか。国名を答えなさい。

	1位	2位	3位	4位	5位	輸入総額（億円）
1990年	A 22.3%	インドネシア 5.4%	C 5.3%	B 5.1%	韓国 5.0%	338,552
2000年	A 19.0%	B 14.5%	韓国 5.4%	台湾 4.7%	インドネシア 4.3%	409,384
2012年	B 21.3%	A 8.6%	C 6.4%	サウジアラビア 6.2%	アラブ首長国連邦 5.0%	706,886

（『日本国勢図会』による）

(2) 食生活は，食材が豊富になり洋食も取り入れられるなど，大きく変化してきました。

① 次の表は，カレーライスの主な材料の生産における上位5位までの都道府県と生産量を示したものです。表中のⒶ～Ⓓにあてはまる品目をあとのイ～ニの中からそれぞれ選び，記号で答えなさい。

	Ⓐ		Ⓑ		Ⓒ		Ⓓ		たまねぎ	
1位	北海道	1,850,000	北海道	634,500	鹿児島	209,852	北海道	173,600	北海道	570,000
2位	長崎	103,300	新潟	631,600	茨城	110,024	千葉	121,600	佐賀	154,000
3位	鹿児島	82,100	秋田	512,000	北海道	81,262	徳島	52,900	兵庫	97,200
4位	茨城	41,600	茨城	396,900	青森	75,395	青森	41,900	愛知	34,600
5位	千葉	32,100	山形	392,200	宮崎	68,640	長崎	32,800	長崎	31,600
国内総生産量	2,394,000		8,402,000		1,292,451		616,500		1,066,000	

（『データで見る県勢 2013』による）

イ 米　　　ロ にんじん
ハ じゃがいも　ニ 豚肉

② ①の表にある都道府県の中で，県庁所在地が最も西に位置しているのはどこですか。都道府県名を答えなさい。

(5) 表1に出てくる道府県のうちで，2005年と2010年の人口を比べたとき，2010年の人口の方が少なくなった道府県が4つあります。その4つの道府県の組み合わせとして正しいものを，**あ**～**お**のうちから1つ選び，記号で答えなさい。

あ 北海道・宮城県・京都府・広島県
い 北海道・宮城県・神奈川県・大阪府
う 北海道・埼玉県・広島県・福岡県
え 神奈川県・埼玉県・愛知県・大阪府
お 愛知県・京都府・広島県・福岡県

(6) 日本の総人口(日本に定住しているすべての人の数)は，近年，減少しつつあります。とくに，2010年10月1日から2011年10月1日にかけての1年間では，戦後で一番大きな減少となりました。

この1年間で人口が大きく減少したのはなぜですか。その理由を説明した以下の文**あ**～**お**のうちから，正しい説明を2つ選び，記号で答えなさい。

あ この1年間の出生率が，死亡率を上回ったから。
い この1年間の死亡率が，出生率を上回ったから。
う 人口移動が少なくなり，大都市の人口の増え方が緩やかになったから。
え 東日本大震災の影響で，東北地方の故郷を離れた人が多かったから。
お 東日本大震災の影響で，日本を離れた外国人が多かったから。

(7) 産業別人口という指標があります。これは，就業者(仕事をしている人)を，どんな産業の仕事をしているかに応じて分類して，それぞれの人数を示すものです。これを示すと，地域で発達している産業がわかります。例えば，工業が発達している県では，工業の仕事をしている人の割合が高くなるからです。産業は，以下の第1次から第3次までの3つの産業に分類します。

第一次産業：農業，漁業など　　第二次産業：工業，建設業など
第三次産業：商業，サービス業など

表2の**あ**～**う**は，表1の中に出てきた北海道，神奈川県，愛知県の2010年の産業別人口の割合を示しています。このうち，北海道を示すものを，**あ**～**う**から1つ選んで記号で答えなさい。

表2

	第一次産業 (農業，漁業など)	第二次産業 (工業，建設業など)	第三次産業 (商業，サービス業など)
あ	7.7%	18.1%	74.2%
い	0.9%	22.6%	76.5%
う	2.3%	33.6%	64.1%

(国勢調査による)

入試問題にチャレンジ ②

1 日本には2010年現在、人口が100万人以上の市が11市あります(東京23区を除く)。表1は、その11市を人口が多い順にまとめたものです。この表についての問いに答えなさい。

(桐朋中)

(1) 表1の【ア】と【イ】に当てはまる都道府県と市の名前を答えなさい。

【ア】　　　　　　　【イ】

表1

	市	属する道府県	人口(人)
①	横浜市	神奈川県	3,629,257
②	大阪市	大阪府	2,543,137
③	名古屋市	愛知県	2,182,154
④	札幌市	北海道	1,904,319
⑤	神戸市	【ア】	1,512,109
⑥	京都市	京都府	1,382,113
⑦	福岡市	福岡県	1,422,831
⑧	【イ】	神奈川県	1,388,481
⑨	さいたま市	埼玉県	1,223,954
⑩	広島市	広島県	1,164,654
⑪	仙台市	宮城県	1,020,241

(『日本国勢図会』より作成)

(2) かつては人口が100万人を超えていたが現在は100万人を下回り、表1に入っていない市があります。その市を、次の**あ～え**のうちから1つ選び、記号で答えなさい。
　あ 北海道夕張市　　**い** 千葉県千葉市
　う 奈良県奈良市　　**え** 福岡県北九州市

(3) ①～⑪の市の中で、一番西に位置する⑦福岡市から東京まで、新幹線で移動する際に、通る市が7つあります。それらの都市を通る順番に、①～⑪の番号で答えなさい。なお、新幹線の駅がなくても、その市を通る場合は解答に含めなさい。

(4) 図1は、表の中に出てくる④札幌市、⑦福岡市、⑩広島市、⑪仙台市の気温と降水量を示しています。このうちから、⑦福岡市のグラフを**あ～え**のうちから選び、記号で答えなさい。

図1

あ　**い**　**う**　**え**

(『理科年表』より作成)

あ　2011年以前，日本の発電方法は，火力によるものが約6割を占め，続いて原子力・水力の順であった。
い　原子力発電は，エネルギー資源の少ない日本にとってはエネルギーの自給率を高める発電方法としても推進されてきた。
う　水力発電は，発電量の切り替えが火力や原子力発電に比べて難しいが，環境への影響は少ない発電方法とされている。
え　夜間は電力が余るが，電力の貯蔵は難しいため，夜間の電気料金を安くして，昼間の電気使用量をおさえようという制度がある。

(2)　日本の発電のエネルギー源である原油・石炭・LNG(液化天然ガス)に関する次のあ～うの各文のうち，LNGについて述べた文を1つ選び，記号で答えなさい。
　　あ　日本では，輸入の際に多額の費用がかかるが，発電の際の二酸化炭素排出量が少ないという利点がある。
　　い　用途が広く，分布が偏っていることから，供給については国際情勢の影響を強く受ける資源である。
　　う　埋蔵資源量が多く，分布地域も広い。製鉄工場でも使われている資源である。日本は世界一の輸入国である。

(3)　近年，エネルギー資源の確保の国際間競争が，たいへんきびしくなっています。その理由について，以下の語句をすべて使って説明しなさい。語句の使用順は自由です。
　　BRICS諸国　　輸出国　　化石燃料

(4)　これから期待される新しいエネルギーについて述べた次のあ～うの各文のうち，太陽光・太陽熱発電について述べたものを1つ選び，記号で答えなさい。
　　あ　この発電に関しては，日本は世界有数のエネルギーを保有している。アメリカ合衆国・フィリピン・インドネシア・メキシコ・イタリアなどの発電量が多い。
　　い　騒音の問題から，海上に建設されることもある発電方法で，アメリカ合衆国・中国・ヨーロッパの国々が多く取り入れている。
　　う　さまざまな規模・場所で設置できるので，送電距離を短くできるのが利点の1つである。ドイツでは，この方法による電力を高く買い上げる政策で，世界一の発電量をあげている。

入試問題にチャレンジ ③

1 雄一郎さんたちのクラスでは，班ごとに地図を読み取ってわかったことや気づいたことを発表カードにまとめました。
(筑波大学附属中)

(1) 1班の発表カードの中の①〜③にあてはまる語句を，あとの**ア〜ク**の中からそれぞれ選びなさい。

> 1班　発表カード
> ・日本の国土面積は37万8000km²で，海岸線の総延長距離は約34000kmにおよぶ。地球一周は40000kmだから，その85％にあたる。
> ・地図中のXは，海岸線から〔　①　〕までの海域に設定される〔　②　〕を表している。日本最東端の島である〔　③　〕などを見ると，島を中心にしてコンパスで円を描いたように〔　②　〕が広がっていることが分かる。

ア 200海里　**イ** 深さ200m　**ウ** 大陸棚　**エ** 経済水域
オ 国際連合海洋法条約　**カ** 沖ノ鳥島　**キ** 南鳥島　**ク** 与那国島

①	②	③

2 次の各問いに答えなさい。
(桜蔭中)

(1) 日本の電力に関する次の**あ〜え**の各文のうち，誤りを含んでいるものを1つ選び，記号で答えなさい。

P.152-153

1 (1) 【ア】兵庫県
　　　【イ】川崎市
　(2) え
　(3) ⑩→⑤→②→⑥→③→①→⑧
　(4) あ
　(5) あ
　(6) い・お（順不同）
　(7) あ

1 (2) 北九州市は政令指定都市ではあるが，人口は100万人を下回る約97万人である（2012年）。
　(4) あは福岡県福岡市，いは宮城県仙台市，うは広島県広島市，えは北海道札幌市。
　(6) あ普通，出生率が死亡率を上回ると，人口が増加する。うとえは日本国内での人口の移動なので，日本の総人口の変化には関係がない。
　(7) あが北海道，いが神奈川県，うが愛知県。あは，他の２つに比べて第一次産業の割合が高いことに着目する。北海道は，農業・漁業ともに日本有数の生産額をあげている。

P.154-155

1 (1) ① ア
　　② エ
　　③ キ

2 (1) う
　(2) あ
　(3) （解答例）経済発展が著しいBRICS諸国をはじめ，世界的にエネルギーの需要が高まっているのに反して，化石燃料の輸出国の埋蔵量は減り，産出量も大きくは増えてはいないから。
　(4) う

1 (1) 日本の東西南北の端を覚えておくこと。北端は択捉島（北海道），東端は南鳥島（東京都），南端は沖ノ鳥島（東京都），西端は与那国島（沖縄県）。

2 (1) 水力発電は，運転・停止の切り替えがしやすい発電方法である。また，ダムの建設は環境への影響がある。
　(2) いは原油（石油），うは石炭についての説明。
　(4) 日本は太陽光発電の発電量は世界有数だが，フィリピン・インドネシア・メキシコの発電量は多くない。いは風力発電についての説明。

入試問題にチャレンジ 解答と解説

P.150-151

1 (1) **アメリカ（合衆国）**
(2) ① Ⓐ　ハ
　　　 Ⓑ　イ
　　　 Ⓒ　ニ
　　　 Ⓓ　ロ
　　② **長崎（県）**
(3) ① ニ
　　② ハ
　　③ **栽培漁業**
(4) **ロ・ニ・ホ**（順不同）
(5) ニ

1 (1) Aはアメリカ合衆国，Bは中国，Cはオーストラリア。長らく，日本にとって最大の輸入相手国はアメリカ合衆国だったが，最近は輸出入ともに中国が最大の貿易相手国である。日本はオーストラリアから石炭・鉄鉱石などの鉱産資源を多く輸入しているため，オーストラリアが輸入国の上位にきている。

(2) ①Aは北海道の割合が極めて高く，上位に長崎がきていることから，じゃがいもと判断する。Bは新潟と北海道，東北地方の各県が上位にきていることから米と判断する。Cはシラス台地が広がる鹿児島・宮崎と，茨城が上位にきていることから豚肉と判断する。Dは北海道が1位で，千葉・徳島が上位にきていることから，にんじんと判断する。

(3) ①日本は，主食の米はほとんで自給できているが，その他の穀物の自給率はかなり低く，小麦は11％，大豆は7％となっている（2011年）。

②漁業資源や石油や天然ガスなどの海底資源が沿岸国のものとなる水域を（排他的）経済水域といい，沿岸から200海里と設定されている。1海里は約1852m。

③放流せずに，いけすなどで大きくなるまでそだててから出荷する養殖漁業と間違えないようにすること。養殖漁業と栽培漁業を合わせて，「育てる漁業」という。

(5) 部品の製造だけでなく，組み立ても海外の工場で行われることが多い。このため，日本国内では工場の閉鎖が相次ぎ，産業の空洞化が進んでいる。

重要用語 五十音順 さくいん

あ
- アイガモ農法 … 47
- アイティーかくめい IT革命 … 144
- 赤潮 … 77
- 亜寒帯 … 27
- 阿蘇山 … 67
- 亜熱帯 … 27
- アルプス・ヒマラヤ造山帯 … 30
- 安定成長期 … 113
- いぐさ … 62
- 緯線 … 7
- 緯度 … 119
- イタイイタイ病 … 6・7
- 衣類 … 136
- インターネット … 144
- インターネットバンキング … 145
- 牛海綿状脳症 … 68
- 越前和紙 … 98
- 沿岸漁業 … 74
- 円高 … 139
- 円安 … 139
- 遠洋漁業 … 74・75
- 沖合漁業 … 74
- 尾根 … 19
- 親潮 … 27・29・71

か
- 海運 … 10
- 海上空港 … 141
- 海洋性気候 … 143
- 海洋牧場 … 26
- 化学工業 … 77
- がけくずれ … 89
- 加工貿易 … 132
- 火山 … 10
- 化石燃料 … 126
- 過疎(化) … 35
- 過密(化) … 34
- 火力発電 … 125
- カルデラ湖 … 10
- 為替相場 … 139
- 環境基本法 … 121
- 環境省 … 120
- 環境庁 … 120
- 環境ホルモン … 121
- 関税 … 136
- がん具 … 130
- 乾燥帯 … 27
- 寒帯 … 27
- 干拓 … 31
- 環太平洋造山帯 … 41

関東内陸工業地域 … 106
- 寒流 … 102
- 機械工業 … 100
- 機械類 … 89
- 気候帯 … 29
- 企業城下町 … 112
- 季節風 … 137
- 北九州工業地帯(地域) … 93
- 金属工業 … 27
- 空港 … 24
- 黒潮 … 105
- 軽工業 … 89
- 経済水域 … 51
- 経線 … 71
- 携帯電話 … 143
- 経度 … 133
- 京浜工業地帯 … 78
- 京葉工業地域 … 7
- 兼業農家 … 9・94
- 減反政策 … 105
- 原子力発電 … 107
- 原油 … 123
- 公害 … 125
- 公害対策基本法 … 50
- 工業 … 48
- 工芸作物 … 125
- 工業 … 122
- こう水 … 88
- 高速道路 … 63
- 耕地整理 … 100
- 高度経済成長 … 120
- 高齢化 … 116
- 高齢(化)社会 … 123
- 国土地理院 … 45
- コンバイン … 137
- コンピュータウイルス … 147
- 栽培漁業 … 76
- 三角州 … 13
- 三角点 … 16
- 産業の空洞化 … 17
- 産業別人口 … 114
- 三大工業地帯 … 105
- 三大都市圏 … 34
- 産地直送 … 47
- 三陸海岸沖 … 70
- 残留農薬 … 135
- 潮目 … 71
- 自給率 … 82
- 資源の輸入先 … 122
- 資源の輸出国 … 137
- 地震 … 123
- 施設園芸農業 … 30
- 自然エネルギー … 53
- 自動車 … 142
- 自動車工業 … 132
- 信濃川 … 12・110・92

さ

索引

[さ]
- 社会保障制度 … 37
- 重化学工業 … 110
- 集約的農業 … 133
- 縮尺 … 15
- 主題図 … 14
- 少子化 … 36・110
- 出生率 … 36
- 情報社会 … 146
- 食料自給率 … 84
- 食料品工業 … 94
- 食料輸入 … 135
- 食料危機 … 89・82・144
- シラス … 66
- シラス台地 … 66
- シリコンアイランド … 103
- 飼料 … 83
- しろかき … 42
- 新食糧法 … 143
- 新幹線 … 32
- 人口密度 … 49
- 水準点 … 17
- 水質汚濁 … 117
- 水質汚濁防止法 … 121
- 水力発電 … 124
- 生産調整 … 48
- 製品輸入 … 133
- 生物工学 … 85
- 世界最大の工業国 … 134
- 世界の三大漁場 … 70

[た]
- 台風 … 28
- たい肥 … 47
- 大気汚染 … 13
- 大気汚染防止法 … 121
- ダイオキシン … 116・121
- その他の工業 … 89
- 育てる漁業 … 76
- 促成栽培 … 73
- 底引きあみ … 52
- 造山帯 … 106
- 造船業 … 30
- 専用車 … 140
- 先端技術産業 … 113
- 扇状地 … 12・56
- 専業農家 … 89・95・50
- せんい工業 … 130
- せり … 73
- セーフガード … 59
- 瀬戸内工業地域 … 98
- 瀬戸焼 … 106
- 石灰石 … 123
- 石油危機 … 113
- 石油化学コンビナート … 91
- 石油 … 126
- 石炭 … 7
- 赤道 … 123
- 世界の食料庫 … 135

[た]
- 太平洋ベルト … 101
- 太陽光発電 … 32・33
- 大陸性気候 … 126
- 大陸だな … 26
- 田おこし … 42
- 谷 … 71
- 段々畑 … 19
- 地球温暖化 … 55
- 地形図 … 127
- 地図記号 … 14
- 千島海流 … 71
- 中京工業地帯 … 104
- 中小工場 … 100
- 対馬海流 … 71
- 津波 … 111
- 梅雨 … 27
- 鉄鉱石 … 28
- 鉄鋼業 … 123
- 鉄道 … 143
- てんさい … 63
- 電子工業 … 142
- 電子メール … 145
- 伝統産業 … 110
- 伝統的工芸品 … 99
- 伝統工芸士 … 97
- 東海工業地域 … 99・106
- 東経 … 7
- 統計地図 … 21
- 等高線 … 18

[な]
- 中ぼし … 85
- 南部鉄器 … 99
- 新潟水俣病 … 119
- 200海里 … 9
- 西陣織 … 127
- 二酸化炭素 … 99
- 肉牛 … 66
- 日本アルプス … 10
- 日本海流 … 71
- 日本水準原点 … 19
- 乳牛 … 64
- 熱帯 … 27

[は]
- バイオテクノロジー … 85
- ハイテク産業 … 113
- パルプ・製紙工業 … 95
- 阪神淡路大震災 … 31
- 阪神工業地帯 … 105・100
- 東日本大震災 … 31・135
- BSE … 68
- 光ファイバー … 104・145
- 品種改良 … 85
- ファインセラミックス … 45・95

※ トレーサビリティ・システム … 43・85
※ とる漁業 … 74
※ 鳥インフルエンザ … 69
※ トラック輸送 … 142
※ ドーナツ化現象 … 34・40
※ 土地改良 … 41

や

語	ページ
有機農業	84
結城つむぎ	99
有害物質	118
やませ	29
銘柄米	45
村おこし	35
美濃和紙	98
水俣病	119
水あげ	72
町おこし	35
まぐろはえなわ	73
まきあみ	73
盆地	13
本初子午線	7
北方領土	9
北陸工業地域	107
北緯	7
貿易摩擦	138
貿易の自由化	139
貿易黒字	138
貿易	131
棒受けあみ	72
変動相場制	139
ベンチャー企業	111
偏西風	25
平野	12, 13
船	142
風力発電	127
風害	29

ら

語	ページ
露地栽培	53
冷帯	27
冷害	29
ルックイースト政策	136
領域	8
リマン海流	9
リサイクル	71
リアス海岸	27, 115
酪農	11, 64, 65
四大公害病	118, 119
四大工業地帯	104
四日市ぜんそく	119
抑制栽培	53
養殖（漁）業	75
養殖	76
ようか業	95
ユーラシア大陸	6, 7
輸入の自由化	58, 82
輸入制限	59
輸入額	136
輸出額	115
ユニバーサルデザイン	136

[協力者]
●まんが＝大岩ピュン，渡辺潔
●編集協力＝大悠社，寺南純一，冬陽社，田鍋裕次郎，長谷川健勇，佐野秀好
●表紙デザイン＝ナカムラグラフ＋ノモグラム
●本文デザイン＝西須幸栄
●ＤＴＰ＝開成堂印刷，明昌堂
●図　版＝ゼム・スタジオ，曽根田栄夫

▼この本は下記のように環境に配慮して制作しました。
※製版フィルムを使用しないCTP方式で印刷しました。
※環境に配慮して作られた紙を使用しています。

中学入試 まんが攻略BON！ 地理 －上巻－ 改訂版

©Gakken Plus 2013　　　　　　　　　　　　　　　　　　Printed in Japan
本書の無断転載，複製，複写（コピー），翻訳を禁じます。本書を代行業者等の第三者に依頼してスキャンやデジタル化することは，たとえ個人や家庭内の利用であっても，著作権法上，認められておりません。